人生の意味の哲学入門

森岡正博
蔵田伸雄
編

春秋社

少し長いまえがき

蔵田伸雄

この本は「人生の意味の哲学」についての「入門書」である。しかし自分の人生には意味がないのではないかと悩んでいて、「自分の人生に意味があるかどうか知りたい」と思っている人が、この本を手にとったとしても、多分失望することになるだけだろう。この本には「どのような人生が意味のある人生なのか」ということが、具体的に書かれているわけではない。この本の筆者たちは、自分たちの研究の結果として「人生の意味」を明らかにしたので、それを読者に伝えようとしてこの本の各章を書いたわけではない。この本は、「人生の意味について問う」ということ自体がどのようなことなのかを、哲学的に考察した結果を示すことを目的としている。

また哲学についてある程度の知識のある人なら、「人生の意味」についての哲学ということで、パスカル、ショーペンハウアー、ニーチェ、キルケゴール、ハイデガー、ヤスパース、サルトル、ボーヴォワール、ヴェイユなどによる「実存主義哲学」、あるいはベルクソン、ジンメル、ディルタイ、オルテガらの「生の哲学」を想起する人もいるだろう。だが実存主義哲学の入門書を期待して本書を購入したのに、これらの哲学者についての言及が少ないということで、これは違う、ととまどう人もいるだろう。確かに本書でもパスカル、ショーペンハウアー、ニーチェ、ハイデガーといった哲学者への言及はある。しかしこの本で一章を割いた哲学者は、「実存主義」に分類されることは少ないウィトゲンシュタインだけである。本書で主に紹介するのは、そのような既存の実存主義哲学とは異なる、「人生の意味に関する分析哲学的な」アプローチである。

内外を問わず、専門的な哲学研究の外部の人からは、哲学とは「人生の意味」について考えるような学問だと考えられてきたにも拘わらず、専門的な哲学研究の中では「人生の意味」についての考察などは日記の中に（最近だとブログや各種SNSに）書くようなことであり、およそ専門的な哲学者が論じることではない、とされてきた。哲学研究の手法は厳密なものでなければならず、「人生の意味とは何か」といった問いは曖昧かつ主観的なものなので、厳密な哲学研究にはそぐわないと考えられてきたのである。だが、現在では専門的な哲学研究の中に、「人生の意味」について分析哲学的手法を用いて厳密に研究するという潮流が生まれてきている。本書はその一端を紹介するものである。

この本が「入門」であるとされているのは、本書がここ数十年の、主に英語圏の「分析哲学」とも呼ばれる分野の中から出てきた「人生の意味」に関する議論の紹介でもあるからだ（本書でたびたび言及される哲学者であるD・ベネターは、この潮流を「分析実存主義」と呼んでいる）。森岡による第二章でも紹介されているように、R・テイラーの「シーシュポス問題」の提起とT・ネーゲルによる「人生の無意味さ」に関する論文を皮切りに、英語圏の「分析哲学」の中でも一九七〇年代ごろから、「人生の意味」について取り上げられるようになってきた。かつては「分析哲学では実存を語ることはできない（あるいは分析哲学者は人生の意味について語らない、または分析哲学の領域では人生の意味を語ってはならない）」とされていた。しかし、もはやそうではないと言ってよい。英語圏ではこの分野に関してすでに膨大な文献が発表されている。いくつかの入門書も出版されているし、オックスフォード大学出版会からはハンドブックも出版されている。しかし日本ではこの研究動向については一般にはほとんど知られていないように思われるし、専門的な哲学研究者の間でもあまり知られていないように思われる。特に近年、英語が得意な研究者や学生はこの分野の文献を英語で読んでしまうこともあり、関連する文献の翻訳もそれほど進んでいない。伊集院利明氏による著作などの例外はあるものの、日本語による専門的な研究の成果となる著作や論文等も少ない。

この本の中で頻繁に登場する現代の哲学者としてT・メッツがいる。メッツの名は哲学の専門研究者の間ですら、ほとんど知られていないだろう。メッツは特にオリジナルな主張をするというタイプの哲学者ではない。しかしメッツは一九七〇年代以降の、英語圏で書かれた「人生の意味」に関する膨大な数の論文をサーベイし、それを検討する論文を発表し続けている。この分野におけるメッツの功績は大きい。二〇一三年には彼のそれまでの研究の集大成ともいえる『人生の意味』*Meaing in Life* が刊行され、この分野の議論の輪郭を示しただけでなく、メッツなりの結論も出している。なお、メッツはこの書に先んじてウェブ上の哲学事典である「スタンフォード哲学事典』Stanford Encyclopedia of Philosophy に「人生の意味」("The Meaing of Life") という項目を執筆している(二〇〇七)。このようなメッツの研究については伊勢田哲治氏が、著書『哲学思考トレーニング』(二〇〇五)で紹介しており、この伊勢田氏による紹介が私の知る限りでは日本における最初のメッツの仕事の紹介である。本書のもう一人の編者である森岡がメッツに連絡をとり、メッツからは現在も研究の協力を得ている。

また本書の第六章や第一一章では「反出生主義」について扱っている。「人は生まれてくるべきではない」あるいは「子を産むべきではない」とする反出生主義に関する問題は厳密に言うと「人生の意味」とは異なる研究テーマではあるが、反出生主義という主張は「人生の意味」に関する議論と密接に関わっている。D・ベネターはこの反出生主義の旗手であるが、「人生の意味」に関する分野でも著書や論文を発表しており、本書の第三章ではベネターの「宇宙的無意味さ」についての議論が紹介されている。ベネターも自らを分析哲学者として位置づけており、彼の「人生の意味」に関する議論も分析哲学的なスタイルで進められている。

さて、このように本書は「分析哲学的な、人生の意味の哲学の入門」という性格の著作である。しかし「人生の意味」についての哲学「入門」は「分析哲学的言語哲学入門」や「分析哲学的現代形而上学入門」といった書物とは性格の異なるものとならざるをえない。多くの場合「人生の意味」とは「自分の人生の意味がわからない」といった深刻な悩みの中で問われるものであり、そのような問いは個人の人生や実存と切り離すことができないものであるからだ。人生の意味についての問いとはまさに「呪い」であり、本書の第一章で述べられているように、それを考えなくてすむならそれにこしたことはない。このような人生の意味についての問いは、自分の生と切り離すことの可能な普遍的・客観的な「学問」となることを拒むという側面がある。哲学が学問であるからには、この問いは客観的・普遍的なものでなければならないが、客観化・普遍化してしまうと同時に、「自分にとっての人生の意味とは何か」という問いではなくなってしまう。第一〇章で山口が主張しているように、「人生の意味についての問い」とはどのようなものかを他者の言葉によって理解することはできず、したがって「人生の意味の哲学」への「入門」も不可能なのかもしれない。だがそれでも本書は「自分の人生の意味について問うとはどのようなことなのか」ということについて、考えるきっかけにはなるだろう。

「哲学」によって人生の意味を知ることはあまりないのではないかと思う。小説や詩やノンフィクション、あるいはマンガを読む中で、自分の人生にも何らかの重要性があることを知る人や、自分の人生に目的を見いだせることを知る人、自分が生きてきた人生の物語の「意味」を理解する人もいるだろう。また映画や芝居、あるいはテレビドラマやアニメを観る中で、人生の意味がわかったと感じることもあるだろう。美しい風景を見て自分が生きてきた人生の意味を知る人もいるだろう。だがそれと同じように「人生の意味について哲学的に考える」という営みの中に、人生の「意味」(喜びや重要性)を見出す人もいるだろう。本書はそのような人のために書かれたものでもある。

本書はこの種の他の図書と同様にどこから読んでもらってもよいのだが、章の順番は工夫してある。村山の第一章はこの分野についての専門的な知識のない方を想定して書かれており、次にこの分野の今までの議論の概要を紹介した森岡の章が続く。その後の章は順に専門的な内容を扱うようになっており、第八章の久木田の章はこのような「分析哲学的な人生の意味の哲学」の前提について批判的に検討している。その次の古田の第九章ではこの問題が「分析哲学的」であると同時に、「分析哲学」を越えたものでもあることがウィトゲンシュタインに即して論じられている。そして山口の第一〇章と森岡の第一一章はこのような「人生の意味の哲学」の性格そのものについて論じている。

本書は全体的に「入門書」としては難しめのものになってしまった。哲学についてあまり知識のない方や、哲学の入門講義などを受けたことのない人にとっては、少しわかりにくい本になってしまったのではないかと危惧している。ただ哲学についてある程度の知識がある方にはこのような分野の研究がある、ということを知ってもらうことができるだろうし、そうでない方にも「人生の意味」について「哲学的に」考えることを体感してもらうことは可能であると思う。そこの点でこの本は哲学実技の本だと言えるかもしれない。そして編者の一人として断言できるが、この本はともかく「面白い」。

それでは、「人生の意味とは何か」という「呪われた問い」について考えることから始めて、誕生肯定という祝福に至る道筋をたどってみてほしい。

人生の意味の哲学入門　目次

人生の意味の哲学入門

第一章　人生の意味はどう問えばよいのか
——人生の意味を考えることについて考える

村山達也

第一節　呪われた問い

「人生の意味は何か」。これは実に厄介な、呪われていると言いたくなるほど厄介な問いである。第一に、ひどく曖昧で、何を答えればよいのか分からない。答えが分からないだけでなく、どのような種類のものが答えになるのかが分からないのである。例えば「二六〇一の平方根はいくつか？」であれば、計算して数字を言えばよい。「今後の日本経済の見通しは明るいか？」であれば、日本のこれまでの経済状況を調べた上で予想を述べればよい。しかし「人生の意味は何か？」の場合、何を調べ、何を答えればよいのかがそもそも分からないのである。

「生命、宇宙、その他もろもろについての究極の問い」の答えをコンピュータに計算させたら、七五〇万年も続いた計算の後についに出た答えは「四二」だった——というエピソードが、ダグラス・アダムズのSF『銀河ヒッチハイク・ガイド』にある。「人生の意味は？」とまったく同じ問いではないが、こうした類いの問いにはそもそも何を答えればよいのか分からないという多くの人の気持ちをよく表していよう。

何を答えればよいのかが分からないだけではない。第二に、私たちがこの問いを考えるのは、大抵は人生に悩んでいるときだ、ということがある。実際、「人生の意味は何か」と問うのは、人生の意味が分からないからであり、かつ、それを知りたいからである。そして、「人生の意味が分からず、それを知りたい」と思うのは、大抵は、人生に悩みがあるときだろう（人生の意味が分からず、それを知りたいのだが、何の悩みもない、という状態はありうるだろうか？）。

さて、人生の意味を考えることは、その悩みのもとにある事情や人生全体をじっくり見つめたり、そうした事情や人生全体を、「こういう人生なら意味があるのでは」という理想や想像と比較したりすることをしばしば伴う。また、その過程で、自分の人生の意味を否定しかねない意見を正面から検討しないといけないこともあるだろう。それに加えて、何しろ問いが曖昧なので、同じことを何度も考え、同じところをぐるぐる回りつづけることも多い。これはいかにも悩みを悪化させかねない道筋のように思われる。こうして「人生の意味は何か」という問いは、考えれば考えるほど答えから遠ざかりかねないという特徴をもつ。「呪われている」と言いたくなるゆえんである。

かつてバーナード・ウィリアムズという哲学者は、「人生は望ましいかという問いへの最上の答えは、そもそも問いが生じないことだ」と述べた（論文「マクロプロス事件」）。人生が現に望ましいときには、「人生は望ましいのか」という疑問は生じてこないのだから、この問いを考えてしまっている時点で、その人にとって人生は完璧に望ましいものではなくなっている、というわけである。同じように、「人生の意味は何か」という問いも、生じないことが最もよい答えであるような問いなのかもしれない。

■人生の不条理（ネーゲル）

だからといって、問いが生じるのを完全に防ぐことはできない。トマス・ネーゲルという哲学者によれば、それは例えば次のような仕方で生じる。

私たちは、さまざまな活動を、さまざまな目的のために行なう。食事をするのは空腹を満たすためであり、散歩に行くのは気晴らしのためであり、勉強するのは試験に合格するためである。しかし、こうした一つ一つの活動を超えて、私たちはこうした活動が全体として何のためにあるのかを考えることができる。社会のためだとしよう。しかし社会は全体として何のためにあるのだろうか。世界全体のためだとしよう。しかしその世界は全体としてこの宇宙にとってどんな意味をもつのか。さらに、その宇宙がそもそも存在することはどんな意味をもつのか。宇宙に意味を与える神がいたとして、その神が存在することはどんな意味をもつのか……。かくして、いつかは答えの得られない点に辿り着き、私たちの生は究極的には意味をもたないという結論に至る、というわけである。

そしてネーゲルが言うには、私たちは他方で自分の人生を真剣に——重大なこと、我がこととして——生きざるをえない。つまり、究極的には無意味なものに、真剣に取り組まざるをえないのである。ネーゲルは、アルベール・カミュという文学者の言葉を借りて、この状況を「不条理（馬鹿馬鹿しさ）」と呼んだ。（以上はネーゲルのエッセイ「人生の意味」に基づく。ネーゲルは、別の論文「人生の無意味さ」では、同じような結論を異なる議論によって引き出している。私たちは、自分の人生を外側から眺めることができる。そして、人生を外側から眺めることで、私たちは、自分がこの世で営んでいることが、特に執着すべき理由のない、恣意的で偶然的なものだと気づく。かくして私たちは、自分のしていることはどれも究極的な意味をもたないと見なすようになる。しかし他方で私たちは、自分の人生を真剣に生きざるをえない。こうして私たちは、無意味なものに真剣に取り組まざるをえないという不条理な状況にある自分を見出すことになる。——こうした議論である。途中の議論がやや難解なので、丸カッコの外、いわば本文では、エッセイ「人生の意味」に基づく簡単なヴァージョンのほうを紹介した。）

人生の意味への問いは、例えば上記のような仕方で生じてくる。では、問いが生じてしまったら、どうすればよいのだろうか。

問いと向き合ってじっくり考えることは悩みを悪化させかねない。だから、ひどく悪化しそうなら、いったん問いから離れたほうがよい。また、問いをじっくり考える以外の仕方で——名言を読むとか、体を動かすとか、社会的に有意義な活動に参加するとかによって——問いを解消できるなら、そのほうがよいかもしれない。それでも、どうしてもこの問いに向き合いたいなら、それはそれでいろいろなやり方があり、それらを行なうことには固有の意義がある。そのやり方、いわば、呪いとの付き合い方、そして場合によっては呪いの解き方を、これからいくつか紹介しよう。

第二節　呪いとの付き合い方、その1——典型例を考える

「野菜とは何か」とか「家具とは何か」と問われても答えるのは難しいが、「具体的にはどのようなものが野菜か」とか「家具の典型例としてどのようなものを思い描くか」なら比較的簡単に答えられる。同じように、「人生の意味は何か」といきなり問われても答えにくいが、「具体的にはどのような人生なら意味がある／ないと思うか」とか「意味のある／ない人生の典型例としてどのようなものを思い描くか」ならだいぶ答えやすくなる。このように、意味のある人生や意味のない人生について、できるだけ多くの人が認めそうな典型例を考え、それを手掛かりに「人生の意味は何か」という問いに迫るというやり方がある。

■第一の典型例——シーシュポス（カミュ、リチャード・テイラー）

このやり方を採用する人たちがよく典型例として挙げるのは、ギリシア神話の登場人物シーシ

ュポスである。シーシュポスは、神々を騙した罰として、荒れ果てた岩山でただひとり、巨大な岩を山頂まで運ばなくてはならない。しかも、運び終わろうかというちょうどそのとき、岩は転がり落ち、シーシュポスは何度でも最初からやり直さなくてはならない。無用な苦役がひたすら続くわけである。先ほども名前の出たカミュは、このシーシュポスを私たちの生の現実のあり方（とりわけ労働者《プロレタリアート》の生のあり方）を示すものだと考え、この状況の中で私たちは自分の人生とどう向き合えばよいのかを問うた。

他にも、哲学者リチャード・テイラーは、シーシュポスの生を意味のない人生の典型例とした上で、何が付け加われればシーシュポスの生は意味あるものとなるのかを考えた。テイラーはまず、正確に言ってどの点がシーシュポスの生を意味のないものと思わせるのかと問い、それは岩を持ち上げるつらさではないと答える。山頂に運ぶのが軽い小石だったとしても、シーシュポスの生の無意味さに変わりはないからである。テイラーによれば、シーシュポスの生の無意味さは、それが何の目的ももたず、何も生み出さないことに由来する。そうだとすれば、シーシュポスの生を意味あるものにするには、それが何かを生み出す――例えば、岩が山頂に積み上がって壮麗な神殿になる――ようにすればよい。こうテイラーは述べる。

ただし話はここで終わらない。テイラーは付け加える。私たちがどんな偉業を成し遂げようとも、すべては儚く過ぎ去り、せいぜい廃墟が残るに過ぎない。シーシュポスも、壮麗な神殿を築き、苦役が終わりを告げたとして、後に残るのは永遠の退屈である！　だから、シーシュポスの生を意味あるものにするには、何かを生み出すというのはよいやり方とは言えないのだ。ではどうすればよいのか。テイラーは、シーシュポスの生を意味あるものにする第二のやり方を提案する。すなわち、岩を持ち上げたくてたまらなくなる薬物を注射するというやり方である。そうすれば、シーシュポスは自分の苦役にこの上ないやりがいを感じ、人生を意味あるものと見なすことができるだろう。私たちの生に引き戻して言うならば、これはつまり、人生に意味を与えるのは、何かを成し遂げるといったことではなく（それらは儚く、いずれは退屈に陥る）、意欲をもって何かに取り組むということなのだ。――これがテイラーの結論である（R. Taylor, *Good and Evil*. 実はテイラーはのちに自分のこの結論を批判する。それについては後述）。

■第二の典型例――世界の偉人（ウルフ、メッツ）

典型例を用いて考えるといつもテイラーのような結論になるわけではない。そもそも、薬物の効果で何かに――例えば、まさしく薬物に――熱中している人の生は、私たちの多くにとって、意味がある人生の典型例としては受け入れがたいだろう。典型例は他にもありうる。スーザン・ウルフとサディアス・メッツという哲学者は、もっと常識的な典型例として、マザー・テレサやマリー・キュリー、トルストイのような偉人の生を挙げる。そして、意味のない人生の典型例としてウルフが挙げるのは、ひたすらビールを飲みながらお笑い番組を見ているだけの人生であり、メッツが挙げるのは、薬物を得るために売春に従事する薬物中毒者の人生である。意味のある人生としては世界の偉人の生、意味を欠いた人生としてはひたすら自堕落だったり自律性を失ってしまったりした人の生という両極を据えたうえで、ウルフとメッツは、それぞれで何が異なり、どのような条件を満たせば人生は意味をもつのかを考察する。

ウルフの回答は、「客観的に魅力あるものに主観的に魅力を感じたとき、意味が生じる」というものである。言い換えれば、価値があると多くの人が認めるものに、魅力を感じて主体的に取り組むと、人生は意味をもつ、ということになる。メッツの回答は、大まかに言えば、真や善、美といった価値の促進に繋がるように頭を働かせれば働かせるほど、人生は意味をもつ、というものである。

いかにも偉人の生き方にふさわしい特徴づけではある。だが、「私が知りたかったこととは少し違う……」と思われたかもしれない。そのあたりのことも含めて、典型例で考えるというやり方について、最後に二つコメントしておこう。

■典型例で考えるやり方の特徴

テイラー、ウルフ、メッツの三人は、いわば、典型例で考えるというやり方の典型例である。そのため、このやり方のもつ特徴も見て取りやすい。

その一つめは、「この人生よりもあの人生のほうがいっそう意味がある」のように、さまざまな生き方を「どれくらい意味をもつか」という観点から比較してしまったり、さらには、「この人生には意味がない」のように、ある生き方の意味を否定してしまったりする側面をもつことである。テイラーのように、シーシュポスという、普通にはありえない架空の人生を例に取るなら、そうした問題は起こりにくいかもしれない。また、典型例を挙げると必ずそうなるわけでもない。犬の典型例として、チワワでもセント・バーナードでも土佐犬でもなく、柴犬を挙げたとしても、さまざまな犬を「どれくらい犬か」で比較したり「これは犬ではない」と否定したりすることにはならない。少し堅苦しく言えば、あるものの典型例を考えるのと、それが程度をもつと考えるのとは、別のことなのである。ただし、ウルフやメッツのように現実的な例を用いて、「ある／ない」の両方の典型例を提示してしまうと、生き方の比較や否定という側面が目立ってくる。実際に誰かを貶め、その生き方を否定しかねないやり方である点には、十分に留意する必要がある。

二つめの特徴は、誰かを典型例として挙げた時点で、結論があらかじめ決まってしまいかねないことである。論点先取とか、証明すべきことを前提（仮定）のなかに含めてしまっていると言ってもよい。

ウルフとメッツの場合はこの点が分かりやすい。この二人は、偉人伝の主人公のような人たちの生を、意味のある生の典型例として設定する。そうすればもちろん、人生の意味とは、それらの偉人たちが典型的に行なうこと、すなわち、社会的に有意義な活動をするとか、誰もが認める価値（真、善、美など）の発展に貢献することだ、というふうになるだろう。しかし人によっては、典型例として、目立ったことはせず真面目に生きる市井の誰かや、重い病気と闘っている人、あるいは、生の快楽を謳歌する大犯罪者を挙げるかもしれない。無邪気に遊び、はじけるように笑う子供の姿のうちに、生きる意味の溢れ出るさまを見る人もいるだろう。そして、これらのどれかを典型例として採用することは、それ自体が、「どのような人生を意味のあるものと考えるか」という問いに、ある程度まで答えてしまうことなのである。

ウルフやメッツよりは見て取りにくいが、テイラーの議論にも、典型例によって答えが方向づけられているところがある。まず、「無意味な人生がありうる」と述べてしまっているが、これは異論のあるところだろう。また、荒野にただひとりいて、神の罰から逃れるすべもないという設定が、「とにかく没頭してしまえばよい」という結論をもっともらしく見せているところがありそうである。シーシュポスの周りでは人びとが堅実かつ充実した共同生活を送っており、シーシュポスも岩を運ぶ以外のことが選べるという設定だったとしても、「何かを達成したり人と協力したりすることは重要ではなく、とにかく没頭してしまえばよいのだ」という結論が出ただろうか？

ちなみに、テイラーは後に自分の結論を批判し、満足感だけでは人生は意味をもたないと主張する。その満足感が、先ほどのシーシュポスにおける薬物の注射のように、他人の操作によって生み出されたのでは、真の満足感——いわば、充足感——は得られない、というのである。それに替えてテイラーが推奨するのが、芸術家や作家、哲学者（！）のような、それまで存在しなかったものを創造する人びとの生である（*Philosophy Now* という雑誌に載せた“The Meaning of

Life"という小文がウェブ上で閲覧できる)。これはこれで、自分が哲学者だというバイアスがあるような気もするのだが、その点はいまは追及しないでおこう。

ところで、典型例を選んだ時点で答えに一定の方向付けがなされてしまっているというのは、それ自体としては悪いことではない。自分が何を典型例とするかを検討すると、人生の意味についての自分の意見をはっきりさせることができるということでもあるからである。ただし、意見をはっきりさせるだけでなく、他の意見と比較しながら議論を進め、共通見解を作ったり、自分の考えを修正したり……といったことをしたい場合には、典型例から始めるのはあまりよいやり方ではないかもしれない。「私はこれがよい」「私はこちらがよい」という、たんなる意見のぶつけ合いになりやすいからである。もちろん、何が典型例にふさわしいかを議論することはできる。だがこれも、趣味の違いを超えて議論を進めるのは、なかなか難しい。

■典型例にもいろいろあるというのはどういうことか

ここで、典型例が複数ありうるということそれ自体に注目してみよう。これまで、「人生の意味」という言葉が指すものはただ一つだけという想定で話を進めてきたが、典型例がいろいろありうるということは、「人生の意味」という言葉はいろいろな種類のものを指すということなのかもしれない。実を言えば、ウルフとメッツも、「人生の意味」という言葉でこれまで問われてきたのとは別のものを論じるのだ、と明確に主張している。従来は、人類が存在する意味とか、この私がこの宇宙に存在する意味といった、かなり大掛かりなもの（これを二人は“meaning *of* life”と呼ぶ）が問題になってきたが、自分たちは、もっと日常的なレヴェルで成立する、人生を有意義にしたり生きがいを与えたりするもの（こちらは“meaning *in* life”と呼ばれる）を論じるのだ、というわけである（ただし、ウルフやメッツと、それ以前の哲学者たち、例えばテイラーやネーゲルとが、まったく別の問題に取り組んでいるというわけではない。議論や結論には競合しうる部分があるし、現に、メッツはテイラーやネーゲルを批判してもいる。そのため、ここまでの箇所では、特に問いを区別せずにこれらの人びとを紹介してきた）。

「生きもの」という言葉で考えてみると分かりやすい。生きものの典型例として何を思い浮かべるかは人によって異なるだろう。甲斐犬、ニワトリ、マグロ、カブトムシ、大腸菌、シロツメクサ……。どれも典型例と言えるし、どれを典型例とするかによって生きものの定義は変わりうる。この場合には、誰かだけが正しいと考えるよりも、「生きもの」という言葉はいろいろな種類のもの（哺乳類、鳥類、魚類、昆虫、細菌、植物……）を指すと考えるほうがよい。同じように、「人生の意味」という言葉も、いろいろな種類のものを指していると考えることはできないだろうか。――というわけで、そろそろ、呪いとの二つめの付き合い方を紹介しよう。

第三節　呪いとの付き合い方、その2――問いを区別する

いま見たように、「人生の意味」という言葉は、含蓄があるぶん曖昧で、何を指しているのかはっきりしない。これを解決するには、「人生の意味」という言葉が何を指しているのかを明確にし、「人生の意味A」と「人生の意味B」のように語義を区別するとよい。これが呪いとの第二の付き合い方である。（「「人生の意味」の意味」でもよいのだが、「「意味」の意味」という言い回しがややこしいので、以下では「「人生の意味」の語義」とか「問いの語義」と言うことにする。フレーズや問いを「語」と呼ぶのは少し不自然だが、あまり気にしなければすぐに慣れていただけるだろう。）

■言葉そのものを調べる

どうすれば語義を区別できるだろうか。いろいろなやり方があるが、最も基本的なのは、「人生の意味」という言葉について調べるというやり方である。

「人生」という語については大きな問題はないだろう。英語の"life"だと、生命一般や人類全体の生を指すこともできるが、日本語の「人生」は、そうしたものは指さず、一人の人間の生活や一生のことを指す。ここで問題にしているのもそれのことである。生命一般や人類全体の生の意

味を問うことはできないということではない。それはそれで、何らかの宗教的、ないし超自然的な枠組みを想定すれば、論じることはできるだろう。たんに、ここでは論じないということである。また、人間以外の動物の生活や一生の意味を問うことはできないということでもない。鶏卵産業にとって無用なので生まれた直後に殺処分されるオスのヒヨコの一生と、大事にされてのびのび暮らす飼い犬の生活と、乳製品産業に極限まで貢献するよう薬を打たれて体が弱り、仲間や仔牛との交流も絶たれて生きる乳牛の生活とを前にして、それぞれの生の意味を考えてしまうということはあり、それはきちんとした問いでありうる。たんに、ここでは論じないということである。

難しいのは「意味」のほうである。「意味」という言葉について調べる——こういうときには辞書はよい手掛かりになる（あくまで手掛かりであって、辞書を引けばそれで十分というわけではない。それはこのあとに示すとおりである）。そして、学術用語ではなく、私たちが日常的に使う言葉の語義を知りたい場合には、国語辞典や類語辞典がよい（できれば複数）。というわけで、いくつかの国語辞典や類語辞典で「意味」を引くと、「言葉が表す内容」のほか、おおよそ次の語義が載っている。

（ア）行為やものごとが示す内容。「ツクシは春の訪れを意味する」
（イ）行為の意図。「彼女が何も言わずに立ち去った意味が分かった」

（ウ）価値や重要性。「参加することに意味がある」「意味のない会話」

「人生の意味」というフレーズにそのまま当て嵌められそうなのは（ウ）だけで、この場合、「人生の意味」の語義は「人生の価値や重要性」だということになる。価値と重要性との違いはあまり気にしないことにして、ここでは一つの語義として「人生の重要性」があることを押さえておこう。

（イ）を代入した「人生の意図」というのは少し奇妙な感じがする。私たちは自分の意志で人生を始めたわけではないし、人生全体を貫く意図をもって——ただ一つのことについて「これをするぞ」と常に考えながら——生きている人はそれほどいないからである。だが、「目的」と言い換えると奇妙さは少し和らぐ。実際、「私の人生の意味は何か」という問いは、場合によっては、「私は何を目指して生きればよいのか」と言い換えられるだろう。というわけで、もう一つの語義として「人生の目的」がある。

（ア）を代入した「人生が示す内容」はどうだろうか。この言い回しにはよく分からないところがあるので、これは「人生の意味」の語義の候補にはならないように見えるかもしれない。ただし、これをさらに「人生が示す教訓」とか「人生という物語から読み取れること」などと言い換えてみると、それほど違和感なく理解できる。

もちろん、例えば「人生という物語」は、このままでは比喩でしかなく、この比喩が何を言おうとしているのかをさらに明らかにする必要はある。ただし、まだ考える必要があるのは「人生の重要性」や「人生の目的」も同様である。「人生の意味は何か」という問いに答えるためには、「重要性」とか「目的」の語義をさらに明確にし、「どう重要なのか」「何が目的なのか」といった内実を特定しなくてはならないだろう。

■言葉そのものを調べる――「重要性」についてもう少し（ヘア）

そうした作業の一例として、「重要」という単語をもう少し調べてみよう。何かが重要であるときには、（i）誰か／何かにとって、（ii）何かのために、という二つの要素が伴うことが多い。「重要」を辞書で引くと、例えば「戦略上重要な地域」という用例が載っている。（i）軍隊にとって、（ii）攻めたり守ったりするために重要だ、ということである。他にも、「教科書は重要だ」というのは（i）勉強する人にとって、（ii）教科を学ぶために重要だということであり、「記録の保存は重要だ」というのは（i）ある人や団体にとって、（ii）過去のことを知るために重要だということである。

ということは、「人生の意味」というフレーズを「人生の重要性」という語義で理解する際には、あわせて、（i）誰／何にとって、（ii）何のために、という二つの要素を特定する必要があるのかもしれない。そして、どのように特定できるかを考えてみると、「私の人生に何の意味があるのか」という問いには、さらに以下のようなさまざまな語義がありうることが分かるだろう。

・私の人生は社会にとって何のために重要なのか。
・私の人生は私にとって何のために重要なのか（言い換えれば、私はなぜ生きなくてはならないのか）。
・私の人生はそもそも誰／何にとって、何のために重要なのか。
・誰であれ一人の人間の存在は、この宇宙にとって何のために重要なのか。

また、こうして特定していくうちに、自分が問うていたのは（ii）なしに成り立つ重要性なのだと気づく、つまり、「私の人生は、何のためでもなく、それ自体においてどんな重要性をもつのか」が知りたかったのだと気づくことだってあるだろう。こうした区別はとても重要である――この場合は、人生の意味を考えたい人にとって、そして、少しでも考えを進めるためには。このくらいの区別はしておかないと、自分がどんな問いの答えを知りたいと思っているのか、自分でも分からないままに、問いと向き合うことになるからである。

なお、道徳哲学で著名なヘアという哲学者は、やはり「重要である」という言葉の分析を通じて、「何も重要ではない」というニヒリズムは間違っていると結論する。ヘアによれば、重要であるとは、誰かの関心を引いているということである。そして現実的に言って私たちは、さまざまなものに関心をもたないでいることはできない。空腹になれば食事に関心をもち、食事にうどんではなくそばを選んだとしたらそばに関心をもっている。かくして、私たちはいつも何かに関心をもちつづけているのだから、何も重要ではないなどということはありえない。——これがヘアの主張である（『倫理と現代社会』所収の論文「何も問題になるものはない」）。

　これに反論するとしたら、一つの論点は、「重要であるとは誰かの関心を引いていることだ」というのは本当か、という点だろう。誰の関心も引いていなかったとしても重要であり、重要だからこそ誰かの関心を引く（に値する）、というようなものはないだろうか。——ここで詳しく論じることはできないが、こういう方向で考えることもできるという、論点の指摘だけしておきたい（さらに付け加えておくと、「重要性」についてヘアに反論するとしても、ニヒリズムは間違っているというヘアの結論に同意することはできる。誰の関心も引いていなくても重要なものがもしあるとしたら、その場合にも、「何も重要ではない」というニヒリズムは間違っていることになるからである）。

　ともかくも、以上のように、辞書を調べて説明や用例を読んだり、私たちの普段の言葉遣いに注意したりしながら、いくつかの語義を区別するだけでも、人生の意味への問いの見通しはかなりよくなる。言葉の検討は、やり方次第では、いろいろなことを明らかにすることができる。「重要性」という言葉を検討するだけでも、ニヒリズムについて考えることだってできるのだ。

　そうしたことは言葉遣いの問題に過ぎず、私たちの人生が意味をもつかどうかとは無関係だと思われるかもしれない。しかし、私たちの言葉遣いは、人生の意味を考えるうえでのとても重要なデータである（それ以外の手掛かりはとても少ない）。それに、人生の意味について考えるとき、私たちは言葉を用いて考える。その言葉が不明瞭なままで、人生の意味について明瞭に考えるのは、控えめに言って、至難の業だろう。

■言い換えを考える

ところで、これまでの箇所で、言い換えるという作業を何度か行なった。この言い換えというのは、「人生の意味」とか「人生の意味は何か」といった曖昧なフレーズの語義を明確化するにあたってとても有効なやり方であり、辞書を調べて分かる以上のことが分かることがある。

人生の意味への問いはさまざまな機会に生じる。何をしても気分が落ち込み、「生きる意味とは何なのだろう」と問うこともあるだろう。自分がこれまでしてきたことが無駄に感じられ（あるいは、実際に水泡に帰してしまい）、「人生の意味とは何なのか」という問いが浮かんでくる場合もあるだろう。他にも、いま自分のしていることが称賛にも尊敬にも自負にも値しないと思われたからとか、自分の人生が他の人と比べてなんの代わり映えもせず、いくらでも替えが効くものに思われてしまったからといった理由で、「私が生きている意味とは何なのだろう」という疑問を抱いてしまうこともある。

さて、これらのケースはいずれも、人生の意味への問いを発している場面として一まとまりにできる。だが、どんなときに問われているのかという点がかなり異なるため、問いの具体的な中身はそれぞれかなり異なっているようにも思われる。

その点を明らかにするには、それぞれの場合について、同じ問いを、「意味」という言葉を使わずに言い換えるとよい。すると、同じ問いを発しているように見えて、実はそれぞれ異なること、例えば以下のようなことが問題になっていたと分かる可能性がある（もちろん、実際のところはそれぞれの具体的な場面で考える必要がある。いまはごく単純化して話を進める）。

・私は何を生きがいとして――何を楽しみに――生きていけばよいのか。
・人生は何を成し遂げるために――どんな成果、生きた証のために――あるのか。
・どのような人生であれば生きるに値するのか。
・称賛や尊敬、自負に値する生き方とはどのようなものだろうか。
・私が他ならぬ私らしく生きるためにはどうすればよいのだろうか。何がかけがえのない私らしさなのだろうか。

「人生の意味は何か」という問いの真の語義はどれかを決める必要はない。これらは、どれもが問うに値する別々の問いなのだから、もとの問いが多義的だったと認めればよいだけの話である。

ただし、これらの問いが求めている人生の意味がそれぞれ別のものなのか、という点には議論の余地がある。一つのものが複数の問いの答えになることは十分にありうるからである（例えば

「日本で最も生産量の多い野菜は何か」と「一〇〇グラム当たりの脂質が最も多い野菜は何か」は別の問いだが、答えは同じかもしれない）。生きがい、生きた証、生きるに値するあり方、称賛や尊敬や自負に値するあり方、私らしさ……。これらすべてを包括するものが人生の意味なのか、それとも、これらのどれかが人生の意味の中心的な要素であり、他のものはいわば付け足しに過ぎないのか、それとも、これらすべてに共通する核心のようなものがあるのか——こうした問いはまだ残っている。

政治哲学でも有名なロバート・ノージックは、「意味」から七つの語義を取り出したうえで、それらに共通する核として「限界を超越する」という要素がある、と言う。私たちの人生はさまざまな限界をもつ。人生は一通りしか選べないし、それもいつかは終わる。この限られた人生が人類に大いに貢献したとしても、銀河系に比べればはるかにちっぽけでしかない。そして宇宙には無数の銀河系があり……。こうした限界を意識して、その限界を乗り越えたいと思ったとき、私たちは「どんな意味があるのか」と問うのだ、というわけである。それゆえ、人生の意味への問いに究極的な答えを与えることができるのは、いかなる限界ももたない存在、その外側に立つことを思い描くことさえできないような存在だけである、とノージックは主張し、それを「エーン・ソーフ」と名付ける。そのような存在がありうるのか、ありうるとして、それは人生の意味への問いにどのような答えを与えるのか、といった点については、ぜひノージック自身の議論を参照されたい（ノージック『考えることを考える』下巻）。

人生の意味というただ一つのものを相手にしていたはずが、辞書を調べたり言い換えたりしているうちに数が増え、面倒になってしまったように思われるかもしれない。しかしキノコは日本だけでも四〇〇〇〜五〇〇〇種類あるという。キノコの種類に比べれば、「人生の意味」の語義はとても少ない。そして、とりわけ人生の意味のような捉えどころのないものを相手にする場合、このように区別しながら考えていかないと、話を先に進めるのは難しいのである。

第四節　呪いとの付き合い方、その3――関連語との繋がりを調べる

さて、このように言い換えを試みているうちに、「人生の意味」と、他のさまざまな単語やフレーズ――語義の近そうなものや、いかにも繋がりがありそうなもの――との関係が気になってくるかもしれない。語義の近そうなもののうち、既に登場したものとしては「生きがい」「生きるに値すること」があり、他にも「生きる理由」「なぜ生まれてきたのか」など、そしてとりわけ「幸福」がある。また、いかにも繋がりがありそうなものの代表格には「道徳的善さ」があるだろう。

こうした、意味の近そうなものや、繋がりがありそうなものとの関係を調べることが、呪いとの第三の付き合い方である。単独で眺めていても正体がよく分からないものも、他の関連するものとのネットワークのなかに置くと少しずつ把握できるようになるというのはよくあることであ

る。夜空の星について、一つだけに集中しても見分けられないが、周りの星との位置関係に着目すればすぐ見分けられるように。あるいは、ある国の国内政策や外交政策が不可解に見えるとき、周辺国や同盟国の事情を踏まえると、多少は理解しやすくなるように。

■一方ではあるが他方ではないことはありうるか

では、人生の意味と他のものとの関係はどのように調べればよいのだろうか。最も基本的なやり方は、「一方ではあるが他方ではない」という状況が想定しうるかどうかをチェックすること、さらに、想定しうる／しえないとしたらそれはなぜかという理由を考えることである。例えば、ある人が、自分の人生を狂わせた人への復讐として凶悪犯罪を犯し、「これで私の人生にも意味があることになった」と思ったとしよう。これは、人生に意味はある（と感じている）が、道徳的な善さは欠けている、という状況である。それはそれでよい、と思われるだろうか。何かがおかしい、と思われるだろうか。何かがおかしい、と思われたとしたら、ある人の生に意味がある（と当人が感じる）ためには、その人が道徳的に善い人である必要がある——すなわち、人生の意味にとって、道徳的善さは必要条件だ——と考えていることになる。

別の例として、自分の望みをすべて叶え、幸福のために必要そうなものはすべて手に入れており、実際に「自分は幸福だ」と感じている人が、それでも「何だか空しい、私の人生の意味とは何なのだろうか……」という思いを抱いているとしよう。これは、ある人が「自分は幸福ではあるが、自分の人生には意味がない」と考えているという状況である。この人の言っていることは理解できる、と思われただろうか。それとも、この人は何かを間違えている（何らかの事情により自分の状況を正しく把握できていないか、言葉遣いを間違えているか、どちらかだ）と思われただろうか。何かを間違えている、と思われたとしたら、幸福であるならば人生にも意味があるはずだ――すなわち、幸福であることは人生に意味があることの十分条件だ――と考えているということである。

他にもいろいろなケースが想定できる。多くの人の命を救うとか、長年にわたって町内を綺麗に保つといった、社会的に大きな意義のあることをした人が、「これらは私でなくてもできたことだ。私の人生の意味とは何だったのだろうか……」とか、「こんなことをしても誰も感謝してくれない。私の人生の意味とは……」などと考えたとしよう。前者では、私らしさ（あるいは個性）と人生の意味との関係が、そして後者では感謝されること（あるいは称賛や名誉）と人生の意味との関係が問われている。

こうしてさまざまな語やフレーズとのネットワークを調べるうちに、人生の意味にとって何が重要なのか、何が必須のものなのか、何は（あったほうがよいが）なくてもよいのか、などといったことが徐々に見えてくるだろう。人生の意味には、このように、いわば周辺から迫ることもできるのである。

■三つのやり方についての補足

これまで、人生の意味への問いという呪いと付き合うための三つのやり方を紹介してきた。最後に付け加えておきたいのは、これらは別々に用いる必要はない、ということである。実際、いま、一方ではあるが他方ではないケースをいくつか見たが、それらのケースは、意味のある／ない人生の典型例と考えることもできる。また、どんな関連語があるのかを探すとき、問いを区別したり、「人生の意味」というフレーズを言い換えたり、言い換えたものをさらに言い換えたり、といった作業は大いに役立つ。

ここで紹介したやり方は三つだけで、どれもそれほど複雑ではないが、上手く使いこなせばいろいろなことが見えてくる。組み合わせて用いれば、さらに見えることが増え、考えられることも増えるだろう。人生の意味という、雲をつかむような話題でも、きちんと手順を踏めば、少しずつ考えを進めていくことはできるのである。

第五節　呪いから祝いへ——人生の意味を考えることの意義

冒頭で述べたとおり、「人生の意味は何か」というのは呪われた問いである。その呪いを解いて、自分の抱える問いについての見通しをよくしたり、別の問いに解消したりできるよう、ここまでお祓いの仕方を紹介してきた。もちろん呪いが解けたならそれはそれで素晴らしいことだが、その副作用として、この問いを考えることそれ自体が面白くなってきた人もいるだろう。それもそれで素晴らしいことであり、そういう人のためには、ここで断片的に触れたいろいろな話題を扱った章がこのあとに待っている。そして、呪いが解けたとしても解けなかったとしても、人生の意味について考えることには、さまざまの素敵な副産物がある。この章を締めくくるにあたって、そうした副産物のうち、最も重要だと思われるものを一つ指摘しておきたい。

それは、自分の生をさまざまな側面から吟味し、その価値をさまざまな仕方で評価できるようになる——言い換えれば、自分の生がもつさまざまな価値を発見できるようになるということである。ここでの主題である人生の意味について考える過程で、さまざまな価値が登場してきた。幸福や道徳的善に加えて、目的の達成に寄与すること、その人らしさをもつこと、生きるに値すること、生きがいがある（充実している）こと、などである。これ以外にも、「見事な生きざま」とか「恰好良い生き方」、「幸不幸という尺度を超えて素晴らしい人生」、「ある人が存在しているというただそれだけで実現するよさ」などが、人生の意味を考えているうちに比較対象として登場しもするだろう。

幸福や社会的意義などの存在感が大きすぎて忘れがちだが、私たちの生はとても複雑であり、「幸不幸」や「社会にとっての要不要」にはとても収まらない多様な価値語を用いて形容されうる。そして「人生の意味」という語は、曖昧で捉えどころがないぶん、そうしたさまざまな価値語の多くと関係している。私たちの生がもつ、上記のような複雑さ、豊かさを——少なくとも、私たちの生をそのように多様に形容する営みを――探求するにあたって、「人生の意味」という語はとてもよい入口なのである。

【読書案内】

この章は、これまでの人生の意味の哲学における古典的な議論の紹介という側面ももっており、その意味では、この章そのものが長大な読書案内になっている。以下、まずはこの章で紹介したもののタイトルを列挙し、その後に、日本語で読める入門的なものをいくつか挙げる。

本章で触れたもの

カミュ、アルベール著、清水徹訳（一九六九）『シーシュポスの神話』新潮文庫。

ネーゲル、トマス著、永井均訳（一九八九）「人生の無意味さ」『コウモリであるとはどのようなことか』勁草書房。

ネーゲル、トマス著、岡本裕一朗・若松良樹訳（一九九三）「人生の意味」『哲学ってどんなこと？――とっても短い哲学入門』昭和堂。

ノージック、ロバート著、坂本百大監訳、西脇与作・戸田山和久・横山輝雄・柴田正良・服部裕幸・森村進・永井均・若松良樹・高橋文彦・荻野弘之訳（一九九七）『考えることを考える

（下）』青土社。
ヘーア、R・M・著、小泉仰訳（一九八一）「何も問題になるものはない」『倫理と現代社会——役立つ倫理学を求めて』御茶の水書房。

Metz, Thaddeus (2013) *Meaning in Life: An Analytic Study*, Oxford University Press.
Taylor, Richard (1970) *Good and Evil*, Macmillan.
Taylor, Richard (1999) "The Meaning of Life", *Philosophy Now* 24.
Williams, Bernard (1973) *Problems of the Self*, Cambridge University Press.
Wolf, Susan (2010) *Meaning in Life and Why It Matters*, Princeton University Press.

その他の入門的なもの

●イーグルトン、テリー著、有泉学宙・高橋公雄・清水英之・松村美佐子訳（二〇一三）『人生の意味とは何か』彩流社。
文学批評で有名な著者が、文学作品なども引きつつ、幅広い角度から人生の意味について論じている。

●シンガー、ピーター著、山内友三郎監訳、奥野満理子・成田和信・樫則章・塩出彰・村上弥生・長岡成夫訳（二〇一三）『私たちはどう生きるべきか』ちくま学芸文庫。

第10章「ある目的のために生きる」で、人生の意味と、人生に目的を設定することとの関係について、主観主義や、消費社会、競争社会などの問題と絡めつつ論じている。

●ハンフリング、オズワルド著、良峯徳和訳（一九九二）『意味の探求――人生論の哲学入門』玉川大学出版部。

思想史上のさまざまな議論の紹介。

●伊勢田哲治（二〇〇五）『哲学思考トレーニング』ちくま新書。

第四章で、本章とは別のメッツの議論が紹介されている。また、人生の意味について考えるための、本章とは別のやり方も紹介されている。

●植村玄輝・八重樫徹・吉川孝編著、富山豊・森功次著（二〇一七）『現代現象学――経験から始める哲学入門』新曜社。

第9章「人生」の前半に人生の意味についての考察があり、ニヒリズム、ペシミズムの問題も論じられている。

第二章　人生の意味の哲学はどのような議論をしているのか

森岡正博

この章では、人生の意味の哲学が全体としてどのようなことを考えてきたのか、そしていま何を考えているのかについて、見取り図を描くことにしたい。読者はこの分野についての概観を手に入れることができるだろう。

第一節　「人生の意味」という言葉の登場

「人生の意味」や「生きる意味」という言葉は、今日、普通に使われている。しかしこの言葉はそれほど昔からあったわけではない。本書の第一章の著者である村山達也が『中央公論』誌に「「人生の意味」の短い歴史」という論文を発表しているので、まずその内容を簡単に見ておきたい。ヨーロッパで「人生の意味」という言葉が最初に使われたのは、一八世紀末から一九世紀にかけてのことである。詩人ゲーテは、一七九六年の手紙のなかでこの言葉を使っている。そしてノヴァーリスやシュレーゲルらのドイツロマン派の作家たちもこの言葉を用いた。日本では一九世紀末に「人生の意味」や「人生の意義」という言葉が使われ始める。日本文学史に登場する国木田独歩、北村透谷、田山花袋らが、作品の中で用いた。

つまり、「人生の意味」や「生きる意味」という言葉が出現してから、まだ二〇〇年ほどしか経っていないのである。当時のヨーロッパにおいて、人間に生きる意味を与えてくれていたキリスト教の権威が失われていった。その結果として、「宇宙の中で自分は何であり、何のために存在しているのか」を、人々はキリスト教なしで考えていかなくてはならなくなった。まさにこのような時代に、「人生の意味」という言葉が登場してきたのである。村山はさらに、産業社会の成立によって、「社会の中で自分は何であり、何のために存在しているのか」という問いもまた切実なものとして意識されるようになってきたと指摘する（村山、二〇二一。なお、この言葉の歴史に注目した思想史的な研究としてCassedy, 2022がある）。

一言でまとめれば、宗教的な権威が失墜し、社会の近代化が進んでいくなかで、「人生の意味」という概念が浮上してきたというわけなのだ。近代人は、人生を生きることが宇宙や社会の中でいったい何を意味するのかを、独力で見出さないといけなくなった。その探求にぴったりと当てはまった言葉が、「人生の意味」「生きる意味」だったのである。

となると、一八～一九世紀までは「人生の意味」は問われていなかったのかというと、そんなことはない。村山も同論文で指摘するとおり「人生の意味」という言葉は使われなかったけれども、それとは別の言葉や概念でその問いは問われ続けてきたと考えられる。スティーブン・リーチとジェイムス・タータグリア編『人生の意味と偉大な哲学者たち』(Leach and Tartaglia (ed.), 2018) では、古代から現代までの世界の哲学者たちが人生の意味について考えたことが総覧されている。古くは、孔子、ブッダ、ソクラテスから、現代ではウィトゲンシュタイン、ハイデガー、ボーヴォワールまで三五人の哲学者たちの考えがまとめられている。「人生の意味」という言葉が登場したのは最近だけれども、その言葉が指し示すものを歴史の中に探してみれば、実にたくさんの思索が網に引っかかってくるというわけである。このような視点から慎重に研究を進めていけば、人生の意味をめぐる世界の哲学史が作られていくことになるだろう。実際、伝統的な仏教哲学や中国哲学は人生の意味をめぐる思索の宝庫であるから、この研究は真の意味での世界哲学研究になるだろうし、今日を生きる我々に大きなヒントを与えてくれるものとなるに違いない。これは将来の課題だ。

第二節　二〇世紀の人生の意味の哲学

二〇世紀の人生の意味の哲学は、まず実存主義という思想潮流のなかで深められた。この流れに決定的な影響を与えたのが、ドイツの哲学者マルティン・ハイデガーである。一九二七年に刊行された『存在と時間』において、ハイデガーは、人はこの世界へと投げ込まれて存在していると指摘する。自分がなぜこの世界に存在しているのかは謎であるし、生きる意味は何なのかという問いに対する答えを誰かが与えてくれるわけでもない。人は、日常の中でこの重要な問いを忘れているし、その結果として自分自身の固有の人生を生きる大切さをも忘れてしまっている。しかし、他でもないこの私がいつか死ぬという可能性に気づいたとき、人は自分自身の固有の人生を生きるためのきっかけを手に入れる。私の固有の死を引き受けようとする覚悟・決意を持つことによって、人は人生を生きることの本来的な在り方を獲得できるというのである。高井ゆと里は、この在り方のことを「他でもないわたし自身の人生を生きること」と解釈し、それを「人生の意味」へと結びつけている（高井、二〇二二、一三八頁）。ハイデガーの言う「本来的な在り方」は、その後の人生の意味の哲学の議論にインパクトを与えた。

フランスの哲学者ジャン＝ポール・サルトルは、一九四六年に刊行された『実存主義とは何か』において、ハイデガーの言う「本来的な在り方」という発想をさらに一歩推し進めた。この世界に投げ出された人間という存在には、そもそも、あらかじめ決められた人生の意味などない。したがって、自分の生きる意味は自分で設定していくしかなく、その意味で、人間は自由であることを宿命づけられている。サルトルは「人間は自由の刑に処せられている」と書いている（サルトル、一九九六、五一頁）。人間は人生の意味を誰からも与えてもらえないのであるから、「人間は自分自身の本質を自分で作り出さねばならない」（一四一頁）。我々は、すべての人間が持っている自由を発揮して、社会状況へと投企し、社会を変えていかなければならない。サルトルはこれをアンガージュマンの思想と呼び、実存主義を社会運動へと結びつけた。この点において、サルトルの人生の意味の哲学はハイデガーと決定的に異なる。

フランスの作家アルベール・カミュは実存主義文学の代表者のひとりであり、ハイデガーから影響を受けた。カミュは一九四二年の作品『シーシュポスの神話』の冒頭において、「真に重大な哲学上の問題はひとつしかない。自殺ということだ。人生が生きるに値するか否かを判断する、これが哲学の根本問題に答えることなのである」と述べている（カミュ、二〇〇六、一二頁）。我々は日常に埋没して、機械的な生活を送っている。「ところがある日、《なぜ》という問いが頭をもたげる」。このときに「決定的な目覚め」が起きる（二八頁）。そして、我々は人生が「不条理 absurde」であることに気づく。不条理とは、「そんなことはありえない」「筋道の通らない」というような意味であり、言い換えれば、秩序があるように思われていた世界の地盤が突然崩壊するような事態である。人生はまさに不条理なのであるが、その不条理に対して「反抗」しようと立ち上がるときに、我々は生きる意味を獲得するのだとカミュは言う。カミュは古代ギリシアの「シーシュポスの神話」を考察する。この神話については、第一章で村山が詳しく考察しているが、ここでもう一度見ておく。シーシュポスは重い岩を山の頂上まで押し上げるという苦しい労働を神々から命じられているのだが、その岩は頂上に着く前に、かならず山のふもとへと何度でも転がり落ちてしまう。このシーシュポスの苦役はまさに不条理そのものである。しかしシーシュポスは神々への「反抗」の姿勢によって、この苦役を「すべてよし」と肯定することができる。このときシーシュポスは実は幸福なのだ、というのがカミュの結論である。

これら実存主義の人生の意味の思索が、二〇世紀後半になって英語圏の分析哲学へと受け継がれる。それにともなって、人生の意味の哲学の議論から文学性が剝ぎ取られ、緻密で論理的なディスカッションへと徐々に生まれ変わっていった。たとえば、カミュの提起したシーシュポスの神話の事例は、その後、米国の哲学者であるトマス・ネーゲル、リチャード・テイラー、スーザン・ウルフらによって何度も取り上げられ、哲学的な検討が加えられた。

二一世紀に入り、スーザン・ウルフや、南アフリカの哲学者サディアス・メッツらによって、人生の意味の哲学に新しいパラダイムが提案された。それは、人生の全体に意味があるかどうかを考えるのではなく、人生に意味を与える構成要素はいったい何なのかを哲学的に考えていこうというものである。そして、人生の意味は主観的に決まるのか、客観的に決まるのか、それともその二つが融合したものなのかという論点が持ち込まれた。さらには、南アフリカの哲学者デイヴィッド・ベネターらの反出生主義の哲学が、人生の意味の哲学のジャンルで議論されるようになった。二〇一八年には人生の意味の哲学の国際会議が設立され、現在に至っている。

本書は、この二一世紀のパラダイムを概観しようとするものである。一昔前ならば、人生の意味の哲学といえばキェルケゴール、ハイデガー、サルトル、カミュについて語ることであったが、現在は必ずしもそうではない。今日の人生の意味の哲学は主に英語のプラットフォームで意見交換されており、その考察対象は限りなく広い。

第三節　人生の意味の哲学はどのような議論をしているのか

ここから、人生の意味の哲学の新しいパラダイムでどのような議論がなされているのかを、簡単に見ていきたい。以下は、私がとくに気になるテーマを取り上げたものであり、必ずしもこの分野の全体像が描かれているわけではない。

■「人生の意味」とはそもそも何なのか？

第一章で、村山が「人生の意味」への様々なアプローチについて述べている。典型例で考える方法や、生きた証・幸福・私らしく生きることなどを「人生の意味」と関連させて考える方法である。そこで、第一章と重なる部分はあるが、人生の意味の哲学でよく用いられる考え方を、以下の五つにまとめてみた。

（1）満足を中心として考える

「人生の意味」とは、自分の生き方に満足し、充実を感じ、幸せを感じることである。満足する、幸せを感じる、生きていて良かったと思えるなどのポジティブな主観的な経験をすることができるというのが、人生の意味である。

（2）達成を中心として考える

「人生の意味」とは、自分の立てた目標を達成できること、なりたい自分になって自己実現できること、自分のうちに秘められた能力を開花させること、自分に与えられた使命を全うすることである。

（3）承認を中心に考える

「人生の意味」とは、自分の存在や行為や生きざまが他人・社会から承認されたり、称賛されたりすることである。他者からのポジティブな承認があってはじめて人生の意味がもたらされる。自分ひとりだけで、自分の人生に意味を与えることはできない。

（4）貢献を中心に考える

「人生の意味」とは、自分が所属する社会に積極的に貢献できるような人生を生きることである。社会的に価値ある人になることや、社会に対して価値あるものを生み出せることや、生きた証を残すことなどが含まれる。家族、地域共同体、国家、人類などへの貢献が考えられる。たとえ結果が出なくても、そのような生き方を目指すことが大事という考え方もあり得る。

（5）組み込まれを中心に考える

「人生の意味」とは、自分を超えたものへと、自分が必要不可欠なピースとして組み込まれることによって、自分の存在が肯定されることである。自分を超えたものとして、次世代へ受け継がれる血筋、組織や団体、国家、民族、人類の進歩、大自然、宇宙、神、学問や芸術の世界、などが考えられる。

多くの場合、「人生の意味」は、以上のうちの何個かの要素が混ざったものとして認識されていると考えられる。

■主観説・客観説・ハイブリッド説

近年、盛んに議論されているのが、人生の意味は主観的に決まるのか、それとも客観的に決まるのかという問題である。前者が「主観説 subjectivism」であり、後者が「客観説 objectivism」である。

この話を日本でするると、次のような反応がとても多い。「人生の意味が客観的に決まるなんて、ぜったいにおかしい。私の人生の意味は私が決めるのだから、他人は黙っていてほしい」。しかしながら、人生の意味の哲学の客観説は、この意見に対して、次のような反論を投げかけるのだ。「もしあなたがそのような主観説の主張をするのなら、たとえばヒトラーの人生をどう考えるのか。ヒトラーがどんな残忍なことをしたのかは言うまでもないだろう。もしヒトラーが、自分の人生の意味は自分が決めるのだから他人は黙っていてほしい、と言ったとしたなら、あなたはそれを許せるのか。もしヒトラーが、自分はアーリア人の偉大さを達成するために邁進したのだから、私の人生には大きな意味があると主張したら、あなたは、ヒトラー本人がそう言うのだからヒトラーの人生には大きな意味があったと肯定するのか。もしそうだとしたら、それはおかしいのではないか」。

もし分かりにくければ、ヒトラーではなくて、地下鉄サリン事件を起こしたオウム真理教の教祖「麻原彰晃」の名前を入れて考えてもらってもかまわない。もし仮に麻原が「自分の人生には大きな意味があった」と言ったとしたら、あなたは「本人がそう言うのだから麻原の人生には大きな意味があった」として、彼の人生は有意味だったと認められるだろうか。

あなたが心の底からそれを認められるのなら、あなたは「人生の意味は主観的に決まる」と考える主観説論者なのだろう。あなたが少しでも躊躇するとしたら、それはあなたが心のどこかで「人生の意味には客観的に決まる部分がある」と思っているからなのだろう。はたしてどっちが正しいのか？

スーザン・ウルフは、主観説と客観説の統合を試みた。そして、客観的に価値があることに対して、主観的にポジティブにかかわっていくときに、人生は有意味になると考えた。これをハイブリッド説 hybrid theory と呼ぶ。第四章で蔵田伸雄がこれらのテーマを詳しく考察している。

■「人生の意味」か「人生における意味」か

「人生の意味 meaning of life」という概念と、「人生における意味 meaning in life」という概念は、異なったものとして扱われることが多い。前者は「of」を用い、後者は「in」を用いる。第一章で村山もこの二つの違いに言及していた。

「人生の意味」(of)とは、「私はなぜ生きなければならないのか?」「生きることに本当に意味はあるのか?」というような人生全体の存在意義にかかわる問いに答えるものである。あるいは、「人類が地球上に出現したことに意味はあるのか?」というような規模の大きな問いに答えるものである。これは古くから問われてきたものであり、宗教がもっとも得意とするような問いであると言える。

これに対して「人生における意味」(in)とは、「個人の人生を有意味にするものはいったい何なのか?」というような問いに答えるものである。メッツは、人類全体の真善美に積極的に貢献しようとすることが、個人の人生をより有意味なものにするのだと考えている。「人生における意味」(in)を「人生の意味」(of)から分離して考察する地平が開けたことによって、人生の意味の哲学はアカデミックな哲学の世界で議論しやすくなった。ただし、「人生の意味」(of)の哲学的考察を軽視してはならないとする意見も根強い。トルストイは、名声も家族も財産もすべて手に入れ、社会的貢献もできるようになった中年期に、「なぜ私は生きるのか?」という全人的な問いに苛まれた。この次元の哲学的解明は大事な課題である。第九章で古田徹也が考察するウィトゲンシュタインの人生の意味論は、まさに「人生の意味」(of)の議論であると考えられる。第一〇章で山口尚が力説する独自の論点も、これに関連すると思われる。

またこのテーマに関連して、人生の「意味 meaning」と人生の「価値 value」は同じなのか違うのかという議論もある。意味よりも価値のほうが幅広い概念であると考えることもできるし、たとえ価値のない人生だと人から言われたとしてもその本人にとっては意味がある人生だと言える場合もありそうだ。さらには、「有意味な人生」と「道徳的な生き方」の関係性についても議論がある。もし道徳的な生き方をしないと有意味な人生にならないのだとしたら、我々のほとんどは有意味な人生を送ることができないということになりそうだ。しかしヒトラーや麻原の例を考えると、社会的に大きな害悪を与えた人生を有意味だとみなすことには、かなりの抵抗感もあるのではないか。

■自然主義と超自然主義

メッツは、人生の意味の哲学へのアプローチを、「自然主義 naturalism」と「超自然主義 supernaturalism」に分けている。前者は、神などの超越的な存在に依存せずに人生の意味を考えるやり方であり、後者は神などの超越的な存在を前提にして人生の意味を考えるやり方である。世界的には、どちらの流派も力を持っているように見える。米国の哲学者ジョシュア・シークリスは、「神が存在し、我々の人生を適切に神へと向かわせることが、有意味な人生を送るための必要十分条件である」と考えるのが超自然主義だと述べている（Seachris, 2012, p.11）。キリスト教だけではなく、イスラム教からの人生の意味の哲学へのアプローチも始まっている。日本の文脈に置きなおすと、人生の意味は人間を超えた仏様との関係で決まるという考え方や、人生の意味は運命との対決や和解によって定まるという考え方が超自然主義となるのかもしれない。超自然主義については本書ではあまり触れることができなかったので、今後の課題としたい。

■人間の有限性

人間は結局死ぬ。「いずれ死んでしまうのに、どうして生きなければならないのか？」という叫びは、人生の意味の哲学の根本的な問いのひとつである。いくらがんばって人生を生きてみても、最後に来るのは死なのであり、もしあの世がなければ、私にとってすべては無になってしまうのである。この問いを空間的に広げてみよう。無限に巨大な宇宙の中では、人間の存在など塵のようにちっぽけなものにすぎない、だから人間が生きる意味などないとする考え方がある。一七世紀のフランスの哲学者ブレーズ・パスカルは『パンセ』で、この宇宙の無限の空間の永遠の沈黙が、私を怖れさせるという意味のことを書いている。米国の哲学者リチャード・テイラーも、人間の文明はいずれ終わるし、人類もいずれ絶滅するのだから、外側から人間の生を見たら無目的で無意味としか言いようがないと指摘する。しかしその人生を「内側から見てみれば view their existence from within」、また異なった面が見えてくると言う。なぜなら、人生の意味は我々の内側から出てくるのであって、外側から与えられるのではないからである（Taylor, 2008, pp.141–142）。

イスラエルの哲学者イド・ランダウは言う。たしかに人間は宇宙の広大さに比べれば小さいが、それでもなおこの有限な人生を生きることに意味はある。なぜなら、いまここにある小さなものに影響を与えることができるだけで、我々の人生は有意味になり得るからである（Landau, 2017, p.98）。人間の有限性は、人生の意味の哲学で繰り返し考察される中心的テーマである。これは反出生主義との関連で議論されることもある。宇宙的な次元の人生の意味については、第三章で鈴木生郎が詳しく取り上げている。

■幸福と「人生の意味」の違い

冒頭で、「人生の意味」という言葉が出てきたのは最近のことだと述べた。これに比べて、「幸福」という言葉は紀元前からさかんに論じられてきた。たとえば古代ギリシアの哲学者アリストテレスは、幸福について『ニコマコス倫理学』で素晴らしい考察を行なっており、いま読んでもヒントになることばかりである。人生の意味と幸福はよく似ている。幸福な人生はきっと有意味な人生だろうし、その逆も成り立ちそうだ。しかし緻密に考えてみると、「私は社会貢献をがんばって、有意味な人生を送ってきたと思うけど、私の人生はつらいことばかりの連続で、けっして幸福だったとは言えないなあ」という人もいるかもしれない。第一一章で私が扱うドイツの心理学者ヴィクトール・フランクルは、ナチスの強制収容所での生に意味を与えてくれたのは「幸福」ではなかったという意味のことを書いている（『夜と霧』）。人生の意味と幸福がどのように関わり合っているのかを解明することは、人生の意味の哲学の大きな課題である。これについては、第五章で杉本俊介が詳しく考察している。

■人生の意味とナラティブ

近年、様々な学問領域で、ナラティブアプローチが注目を集めている。「ナラティブ narrative」とは、誰かの人生を起承転結のあるストーリーに乗せて語ることであり、自分の人生をストーリー的に振り返ることである。人生の意味の哲学の領域にも、このナラティブアプローチの波は届いている。

たとえば、二人の人間がいて、彼らの人生を構成する有意味な部分の総量が同じだったと仮定する。ところが、ひとりの人生は、「はじめは良かったのだけれども、その後だんだんと悪くなっていきました」というものであり、もうひとりの人生は「はじめは悪かったのだけれども、その後だんだんと良くなっていきました」というものであった。このときに、どちらの人生が全体としてより有意味なものであったかと第三者に尋ねると、「だんだん良くなっていった」という後者の人生のほうがより有意味であると答えることが多い。しかしこの二つの人生の有意味な部分の総量は同じなのである。とすると、この差を生み出したものは、起承転結のあるストーリーだとしか考えられない、ということになりそうである。なぜストーリーが人生の意味に影響を与えるのかについて、種々の哲学的考察がなされている。ある時に人生で起きたことが、その後に人生で起きることへと次々に肯定的につながっていくのが重要だとの提案もなされている。フィンランドの哲学者アンティ・カウピネンは、これを人生の「一貫性 coherence」と呼ぶ (Kauppinen, 2012)。

これに関連して、人生のある時期に起きた出来事の意味が、その後に起きた出来事によって、まったく変わってしまうことがある。道で転んで大怪我をしたとしよう。これは人生を有意味にする出来事ではない。しかし入院中の病院で人生の伴侶に出会えたとしたら、どうだろうか。大怪我をしたことは、人生を有意味にする出来事へと変化したのである。このように、人生に起きる出来事の何が有意味で何が無意味なのかは、簡単には決まらない。人生における意味の変化については、哲学者たちによる様々な考察がある。たとえば南アフリカの哲学者ペドロ・A・タベンスキーは、人生とは一枚の絵を描くようなものであり、人生に起きる個々の出来事はつねにキャンバス全体との関係でのみ意味を持つのだと指摘している (Tabensky, 2003)。この点については、第三章で鈴木生郎がストーリーという言葉を用いてさらに考察している。私も第一一章で別の角度から考えてみた。

■人生の意味と労働

社会に出て働くのは、つらく苦しい。しかし労働をしなければ、生活をしていけない。平日は歯を食いしばりながら労働をして、休日に自分のしたいことを楽しむ、というのが有意味な人生なのだろうか。この考え方に対して、仕事が面白くなってくると、働くのはもはや苦しみではなくなると主張する人たちがいる。労働こそが人生の意味になる、というわけである。これはリチャード・テイラーが言うような、薬物を摂取した結果、ハイになり、岩の押上げが楽しくて仕方がなくなったシーシュポスのような状態である（第一章参照）。しかし視点を変えれば、これは従業員に無限の残業を強制するブラック企業と同じではないのか。

日本の哲学者の伊集院利明は、仕事の現場に着目すれば、もっと別の見方をすることができると主張する。たとえどんなに反復的な仕事であっても、やり方さえ工夫すれば、その仕事を自分にとって有意義なものへと変えていくことができる。同じことは人生においても当てはまる。我々は、日々の生活で起きる様々な出来事に即興的に対応しながら、自分自身の在り方を肯定的に組み替えることによって、自分の人生を有意味なものへと作り上げていくことができる。伊集院はこのような考え方を、人生の意味の「生実現形成 life crafting」説と呼んでいる（伊集院、二〇二一、一二八～一四三頁）。人生の意味と労働との関係については、第七章で長門裕介が考察している。この論点は、ともすれば高度に抽象的議論に陥りやすい人生の意味の哲学を、もっと現実的で具体的なものへと引き戻すために重要であると私は思う。

■人生の意味と反出生主義

第六章の吉沢文武によれば、反出生主義とは「子供をもうけることは道徳的に許されない」という考え方である。二一世紀に分析哲学的な装いで登場し、大きな議論を呼び起こしている。人生の意味の哲学の国際会議でも、反出生主義はよく話題になる。人生の意味の哲学では、どのような人生には意味があり、どのような人生には意味がないのかというような議論をするのだが、反出生主義にはそれらの議論をすべてひっくり返すパワーがある。すなわち、「意味のある人生であれ、意味のない人生であれ、すべての人生を生み出すべきではない！」というのが反出生主義の主張だからである。反出生主義を人生の意味の哲学の枠組みでどう扱えばいいのかは、まだはっきりと分かっていない。今後の課題である。吉沢による第六章での詳細な考察を参照してほしい。

第四節　おわりに

さて、人生の意味の哲学がどのような議論をしているのかについて、だいたいのイメージがつかめたのではないだろうか。もちろん現状では、人生の意味の哲学はいくつかの重要な問題点をもかかえている。それらについては、本書の「あとがき」で触れることにしたい。

それでは次章から、具体的なテーマをめぐる「人生の意味の哲学」の奥深い世界へと出発していこう。

【参考文献】

伊集院利明（二〇二一）『生の有意味性の哲学——第三の価値を追求する』晃洋書房。
カミュ、アルベール著、清水徹訳（二〇〇六）『シーシュポスの神話〔改版〕』新潮文庫。
サルトル、ジャン＝ポール著、伊吹武彦・海老坂武・石崎晴己訳（一九九六）『実存主義とは何か』人文書院。
高井ゆと里（二〇二二）『極限の思想　ハイデガー——世界内存在を生きる』講談社選書メチエ。
村山達也（二〇二一）「「人生の意味」の短い歴史——一人を生きるときに頭をもたげる問い」『中央公論』二〇二一年一一月号、四二〜四九頁。
Cassedy, Steven（2022）*What Do We Mean When We Talk About Meaning?* Oxford University Press.
Kauppinen, Antti（2012）"Meaningfulness and Time." *Philosophy and Phenomenological Research* 84 (2) :345–377.
Landau, Iddo (2017) *Finding Meaning in an Imperfect World.* Oxford University Press.
Leach, Stephen and James Tartaglia（ed.）(2018) *The Meaning of Life and the Great Philosophers.* Routledge.

Seachris, Joshua W. (ed.) (2012) *Exploring the Meaning of Life: An Anthology and Guide.* Wiley-Blackwell.

Tabensky, Pedro A. (2003) “Parallels Between Living and Painting.” *J. Value Inquiry* 37: 59–68.

Taylor, Richard (2008) “The Meaning of Life,” in E. D. Klemke and S. M. Cahn (eds.), *The Meaning of Life: A Reader,* Third Edition. Oxford University Press. pp.134–142.

第三章　広大な宇宙のなかでちっぽけな人生に何の意味があるのか　鈴木生郎

第一節　はじめに

　現代の宇宙論によれば、この宇宙はおよそ一三八億年前に生まれ、そのサイズは、少なくとも半径四六〇億光年（一光年は約九兆五千億キロメートル）より大きいのではないかと推定されている。また、現時点においては、私たちが観測できる範囲に私たち以外の知的生命体は見つかっていない。したがって、私たちは、この広大な宇宙の片隅の、宇宙全体に比べれば塵のような大きさの惑星に生きる孤独な存在である。

　こうした事実について考えるとき、私たちはしばしば「この宇宙のなかでは、自分たちの人生には何の意味もないのではないか」という疑念に襲われる。宇宙のなかで私たちは、地球と比べてもはるかに小さく、その人生も宇宙の歴史においてはほんの一瞬のことにすぎない。その一瞬のうちに私たちがどれほど大きなことを成し遂げたとしても、宇宙に対する影響はないも同然である。そして、私たちが死ねばその痕跡は瞬く間に失われ、初めから存在しなかったのとほとんど変わらなくなる。さらに、宇宙には私たちのほかに――少なくとも知りうる範囲には――、私たちを気にかけてくれるものもいない。すると、結局私たちの人生は、この宇宙のなかではまったく重要ではない、意味のないものではないだろうか。

本章で考えたいのは、この「広大な宇宙のなかで、私たちのちっぽけな人生に何の意味があるのか」という問題である。もちろん読者のなかには、先に述べたような考えから、宇宙のなかで私たちの人生に意味がないのは当然だと思う人もいるかもしれない。しかし、「宇宙のなかで私たちは小さく、その人生は短く、何の影響力もなく、死ねばすぐに忘れられ、宇宙の何者も私たちを気にかけてくれない。それゆえ、私たちの人生は宇宙のなかでは無意味である」という議論が正しいかどうかについては、実際には疑う余地がある。本章では、なぜそうなのかを説明することを試みたい。

さて、本論に入る前に、「人生の意味」という言葉についていくつか確認しておこう。第一章で指摘されていたように、「(人生の)意味」という言葉は多義的である。たとえば、「人生に意味がある」は、「人生が重要である」と言い換えて理解することができる。実際、「私の人生は取るに足らない無意味なものではないか」と悩む人は、意味ある人生を、取るに足らなくない重要な人生のことだと理解しているだろう。また、「人生に意味がある」は、「人生に目的がある」と言い換えて理解することもできる。たとえば、「何の目的もない人生なんて意味はない」と考える人は、意味ある人生を目的のある人生のことだと捉えているだろう。さらに、「人生に意味がある」は、「人生が物語のようなものとして理解できる」ということとしても理解できる。これは少しわかりにくいが、次の例を考えてみよう。私たちは、「今のこの苦しみは、自分の人生にとって何の意味をもつのか」などと問うことがある。このように問うときに私たちが関心をもつのは、現在の自分の苦しみを自分の人生のうちに位置づけて、その人生を一貫した物語のように理解することである。（たとえば、「この苦しみは、過去に自分がしてきたことの報いだが、未来の成長のための糧になる」といった理解は、こうした物語的な理解の一例である。）「人生の意味」には、もちろん他の理解の仕方もありうるが、この三つの理解の仕方は、私たちが人生の意味を理解する仕方としてそれぞれ大事なものである。

本章では、第一の理解を「重要さに基づく理解」、第二の理解を「目的に基づく理解」、第三の理解を「物語に基づく理解」と呼び、それぞれ区別しておくことにしよう。本章では、これら三つの理解の仕方のどれもが登場するが、もっとも中心的な役割を果たすのは、重要さに基づく理解である。なぜなら、「宇宙のなかで私たちの人生に意味はあるのか」という問題は、以下で説明するように、「私たちのちっぽけな人生の重要さをどう捉えるのか」という問題と深く結びついているからである。ただし、この重要さに基づく理解は、それ以外の理解の仕方と完全に切り離されているわけではない。特に、この理解が「物語に基づく理解」と密接に関係していることを示すことは、本章の目的の一つである。

第二節　広大な宇宙のなかでは私たちの人生には意味はない

南アフリカの哲学者デイヴィッド・ベネターは、第六章で詳しく論じられる「反出生主義」を擁護していることで有名だが、二〇一七年に出版された著作『人間の苦境：人生最大の問題への遠慮なしのガイド』の第二章と第三章で、人生の意味についても論じている。そこで展開されるベネターの議論は、基本的には、広大な宇宙のなかでは私たちの人生には意味がないことを示そうとするものである（ただし、ベネターは私たちの人生に「いかなる」意味もないとは主張しない。この点は後で説明する）。以下ではこのベネターの議論を、要点に絞って紹介したい。

まず、「人生の意味」をベネターがどのように理解しているのかを確認することから始めよう。ベネターは、「人生に意味がある」ということを、基本的には「人生が重要である」、あるいは、「人生に（重要な）目的がある」こととして理解する——したがって、ベネターの人生の意味の理解は、先に述べた「重要さに基づく理解」と「目的に基づく理解」を合わせたものである。加えて、ベネターは、意味ある人生には「自分の範囲を超える」側面が必要だと考える。つまり、単に自分にとって重要なだけの人生や、自分のための目的を果たすだけの人生は、意味ある人生とは言えない。意味ある人生であるためには、自分以外のものへの貢献が欠かせないのである。こうした点を踏まえて、ベネターは、意味ある人生を「自分の範囲を超えて他者に重要な影響を与える、あるいは自分を超えた重要な目的を果たす」人生として特徴づける（Benatar, 2017, pp.17–18）。

もちろんここで、どんな種類の影響を与える人生であっても——破壊や死をもたらす人生であっても——意味があると言えるのかという疑問が生じるかもしれない。この点についてベネターは、こうした人生にも「意味がある」と言える可能性も認めている（Benatar, 2017, pp.18–19）が、この点はベネターの議論には大きく影響しないため、以下に登場する「意味ある人生」は、他者にポジティブな望ましい影響を与える（あるいはそうした目的をもつ）人生のことだと理解してかまわない。

以上のように人生の意味を理解したうえで、ベネターはさらに独自の区別を導入する（Benatar, 2017, pp.21–24）。ベネターによれば、ある人生に意味があるかどうかは、それがどのような「観点」から評価されるかに応じて変わる。以下で紹介する区別は、まさにこの点を捉えるためのものである。

具体的には、ベネターは、人生の意味を宇宙全体の観点から評価する場合と、地球の範囲に限定した観点から評価する場合とを区別する。そして、宇宙全体の観点から評価された人生の意味を「宇宙的な意味」と呼び、地球の範囲に限定した観点から評価された人生の意味を「地上的な意味」と呼ぶ。「地上的な意味」はさらに三つに区分される。すなわち、身近な人々との個人的関係の観点から評価された人生の意味（「個人的な意味」）、特定の国やコミュニティなど、より大きな集団の観点から評価された人生の意味（「集団的な意味」）、人類全体のような地球上でもっとも大きな観点から評価された人生の意味（「人類的な意味」）の三つである。この区別を用いると、たとえば、「身近な人々を幸せにする人生は、身近な人々に大きな影響を与えているので個人的な意味をもつが、人類全体に影響を与えているわけではないので人類的な意味をもつとは言えない」といった、人生の意味についての多層的な評価ができるようになる。

さて、こうしたベネターの「人生の意味」の理解について、大事な点を確認しておこう。ベネターは、「意味ある人生」を、「重要な人生／重要な目的をもつ人生」として特徴づけたうえで、さらに人生の重要さを、その成果の大きさに基づいて評価している。つまり、より多くの他者に影響を与えるほど、より長く続く足跡を残すほど、人生はより重要だとみなされる。ベネター本人がそう呼ぶわけではないが、本章ではこうした捉え方のことを、「重要さについての成果主義的な捉え方」と呼ぶことにしよう（「成果主義」という言葉は、伊集院（二〇二一）から借りている）。もう一点指摘しておきたいのは、ベネターが人生の意味について客観説の立場に立つことである（主観説と客観説の区別については、詳しくは第四章を読んでほしい）。ベネターは、この点を擁護するための議論を与えているが（Benatar, 2017, pp.24–27）、とりあえずここでは、人生に意味があるかどうかは、本人が自分の人生について主観的にどう評価しているかの問題ではなく、客観的な事実としてその人生が重要であるかどうか（重要な目的を果たすものであるかどうか）の問題であるとベネターが考えていることを理解しておけば十分である。

この区別に基づいて、ベネターは、私たちの人生の地上的な意味について次のように論じる(Benatar, 2017, pp.27–33)。大部分の人の人生は、個人的な意味をもつ。なぜなら、大部分の人の人生は、身近な人にポジティブな影響を与え、身近な人にとって重要な目的を果たすものだからである。他方で、より大きな集団に貢献することは難しいため、集団的な意味をもつ人生は限られる。さらに、人類全体に貢献する人生は稀であり、ベネターによれば、ブッダやシェイクスピア、ナイチンゲールといった少数の偉人の人生しか人類的な意味をもつことはない。とはいえ、地上的な意味に話を限れば、一部の人生が意味をもつ可能性をベネターは認めている。

しかし、ベネターは、地球上のどんな人の人生も、宇宙的な意味をもつことは決してないと論じる(Benatar, 2017, pp.35–36)。私たちの影響力が及ぶ範囲はせいぜい地球内に限られており、宇宙全体に重要な影響を与えることはない。また、人が達成しうるどのような目的も、宇宙全体のなかではまったく重要ではない。さらに、私たちはすぐに死に、宇宙にその足跡が残ることもない。したがって、私たちの人生は、宇宙全体の観点から評価される限り、いかなる重要さも欠いた無意味なものである。ベネターによれば、これは私たちをひどく幻滅させる結論である。私たちの人生は、宇宙全体の観点からすれば無意味なものでしかなく、しかも、私たちはこうした人生の無意味さをどうすることもできないのである。

さて、ここまでベネターの議論を紹介してきた。読者のなかには、この議論に説得力を感じた人や、同じような議論を考えたことがあると思った人も少なくないのではないだろうか。その点でベネターの議論は、宇宙のなかで私たちの人生が意味をもつことに対して、多くの人々が抱く疑念をうまく言い当てたものになっている。

他方で、ベネターの議論にはいくつもの疑問が生じることも間違いない。たとえば、もし宇宙を創造した神のようなものが存在し、私たちの人生もまたこうした神の目的に貢献するものであるのならば、私たちの人生に宇宙的な意味があると言えないだろうか。あるいは創造神のようなものが存在しなくとも、私たちが貢献しうる目的のなかに、宇宙的に意味があると言えるものは本当にないのだろうか。あるいは、ベネターは、私たちの人生が地上的な意味をもつ可能性を認めているが、だとしたら、私たちの人生が宇宙的な意味をもたないことはどれくらい深刻な問題なのだろうか。これらの疑問はどれも重要であり、ベネターは著作の中でこうした疑問に一定の回答を与えてもいる（Benatar, 2017, pp.36–62）。

しかし、以下では特に、ベネターが前提している「重要さについての成果主義的な捉え方」を問題にすることにしたい。なぜならベネターの議論において、この捉え方が本質的な役割を果たしていると考えられるからである。

人生の重要さをその成果の大きさによって評価することは、ベネターが論じているように、私たちにとってごく自然なことである。たとえば、貧しい国の人々を援助する人生や、後世に優れた芸術作品を残す人生が重要であることは否定しがたい。また、成果の大きさに基づいて人生を比較することも珍しいことではない。たとえば、寝ながら天井の模様を眺めるだけの人生より、誰かを助ける人生の方が重要だと考える人は多いだろう。しかし、その一方で、成果の大きさによってのみ人生の重要さを捉える限り、宇宙のなかでの私たちの人生の重要さに疑いが生じることは避けられない。なぜなら、ベネターが指摘するように、宇宙全体の観点からすれば私たちの影響力はないも同然であり、その足跡もわずかな時間しか残らないからである。すると、ベネターの悲観的な結論は、まさに重要さについての成果主義的捉え方から導き出されるものであるように思われる。

したがって、ベネターの議論を評価するうえでは、「人生の重要さ」をどのように捉えるべきなのかを考えることが大切である。もしベネターのように、人生の重要さをその成果の大きさによってのみ評価するならば、ベネターの悲観的な結論を拒むことは――もちろんまだ検討の余地はあるけれども――難しいだろう。しかし、もしそれとは異なる仕方で人生の重要さを捉えることができるならば、ベネターとは別の結論が導かれるかもしれない。そして、次節で紹介するイギリスの哲学者ガイ・カヘインの議論は、まさにこうした可能性を示そうとするものである。

第三節　広大な宇宙のなかでも私たちの人生には意味がある

本節で紹介するのは、カヘインが二〇一四年に発表した、「私たちが宇宙のなかで重要ではないこと」と題する論文で展開された議論である。この論文においてカヘインは、ベネターとは反対に、私たちが広大な宇宙のなかできわめて重要な存在であるという結論を擁護している。

その議論を紹介する前に、注意点を指摘しておこう。カヘインの論文は、先に紹介したベネターの著作よりも以前に発表されたものである。そして、ベネターは、その著作のなかでカヘインに反論している。この反論については、本節でカヘインの議論を確認した後に、次節で紹介することにしたい。次に、カヘインの論文が主題的に論じているのは、正確には、「私たち」の重要さであり、私たちの「人生」の重要さではない。また、カヘインの論文は、人生の「意味」を主題とするものでもない。とはいえ、この点は大きな問題にはならない。もしカヘインが主張する通り、広大な宇宙のなかで私たちが重要であるならば、当然私たちの人生も重要であるはずである。そして、私たちの人生が重要であるならば、少なくともその点では私たちの人生には意味があることになる。したがって、カヘインの議論は、もし成功しているならば、広大な宇宙のなかで私たちの人生に意味があることを示すものである。実際、ベネター自身もカヘインの議論をそういうものとして理解しており、だからこそ著作のなかで取り上げて批判しているのである。

さて、論文の内容に話を移そう。カヘインの論文は、宇宙の広大さや価値に関するさまざまな興味深い論点を扱うものだが、私たち（の人生）の重要さに関する議論の要点は、比較的単純である。以下ではその要点を、わかりやすさのために例を補いながら紹介することにしたい。

まずカヘインは、あるものに価値があることと、あるものが重要であることを区別する。カヘインによれば、何かが重要であるためには、単にそれに価値がある以上のことが必要である。つまり、何かが重要であるためには、それは「注目に値する」価値をもたなければならない(Kahane, 2014, pp.749–750)。たとえば、とても美しい時計があるとしよう。この時計は「美しさ」という価値をもつが、もし同じ時計が他にもたくさんあるならば、その時計はあまり重要なものではなくなる。もちろん、他に同じ種類のものがあるからといって、その時計の美しさの価値が下がるわけではない。しかしその時計は、他に同じ時計がたくさんあるせいで「注目に値するもの」ではなくなり、その重要さが損なわれるのである。このように、重要さの評価には「ある観点のもとで(他と比較して)注目に値するかどうか」という側面が関わってくる。

重要さの評価にこうした側面が含まれることを理解すれば、なぜ多くの人々が、広大な宇宙のなかでは自分(の人生)は重要ではないと考えてしまうのかを理解できるとカヘインは論じる。つまり、多くの人がそんなふうに考えてしまうのは、広大な宇宙全体の観点のもとで、他のものと比較してちっぽけな自分は「注目に値しない」と考えてしまうからである(Kahane, 2014, p.752)。しかし、カヘインによれば、こうした人々は、自分たちがもつ特別な重要さを見落としている。

そのことを示すために、カヘインは、私たち人間(あるいは他の生物)が、きわめて特別な種類の価値をもつことを指摘する。私たちはものを考える能力や感覚する能力をもち、そのことによってさまざまな価値あること——たとえば、喜びを感じること、他者を愛すること、道徳的によいことをすること——を実現することができる(Kahane, 2014, p.754, pp.756–757)。さらにカヘインは、この宇宙に私たちと同じような知的生命体が見つかっていないことに注目する。つまり、この広大な宇宙には、私たちと同じ特別な種類の価値をもつものは稀であるか、もしかするとまったく存在しないかもしれない。すると、この広大な宇宙のなかで、私たちは特別な価値をもつ例外的な存在であることになる（Kahane, 2014, pp.753–754）。

カヘインは、このことが私たちに特別な重要さを与えると主張する（Kahane, 2014, p.756）。たとえば、多くの芸術作品が重要なものであるのは、それが美しさのようなさまざまな価値をもつだけでなく、そうした価値をもつものが「希少」だからである。つまり、それ自体がもつ価値だけでなく、それが希少であることがこうした芸術作品を重要なものにしている。カヘインによれば、同じことが私たちにも当てはまる。私たちは、思考能力や感覚能力をもつことで特別な価値をもつ。それに加えて、私たちがこの広大な宇宙のなかで希少なものであることは、私たちを宇宙のなかで注目に値する重要なものにするのである。このことからカヘインは、この広大な宇宙のなかで、私たちはとても重要な存在なのだと結論する。

以上がカヘインの議論の要点であるが、この議論についても大事なポイントを確認しておこう。第一に注目すべき点は、カヘインが指摘する私たち（の人生）の「重要さ」が、成果主義的な捉え方に基づくものではないことである。私たちが宇宙のなかで希少な存在であることは、私たちの人生の成果の大きさとは関係がない。私たちの人生の成果がちっぽけなものであったとしても、広大な宇宙のなかで私たちが特別な価値をもつ希少な存在である事実は変わらないのである。つまり、カヘインの議論は重要さについての別の捉え方を示し、その捉え方のもとで私たちが重要であるという結論を導いている。この点で、ベネターとカヘインの対立は、重要さの捉え方の対立として理解できる。

第二に、カヘインが示した私たちの重要さが、地球上の人類（ないし生物）が共通にもつ重要さである点も確認しておこう。広大な宇宙のなかで希少な存在であることは、地球上のどの人（や生物）にも当てはまることであり、特定の個人だけに当てはまることではない。したがって、カヘインの言う重要さは、個人に固有の人生の重要さを示すものではない。第三に、カヘインの議論が正しいならば、地球の範囲に限定した観点から捉えるかぎりでは、私たちは重要ではないことになる。なぜなら、地球上には私たちと似たようなものがたくさん存在するために、私たちは希少な存在だと言えないからである。したがって、カヘインの議論は、広大な宇宙のなかで私たちが重要であることを示すものであっても、地球上において私たちが重要であることを示すものではない。この二番目と三番目のポイントは、次節で紹介するベネターの反論に深く関わっている。

第四節　対立を評価する

前節で述べたように、カヘインの論文は、ベネターの著作よりも以前に発表されたものであり、ベネターは著作のなかでカヘインに反論している。本節の目的は、このベネターの反論を紹介したうえで、両者の対立をどう評価できるのかを考えてみることである。

ベネターはカヘインの議論にいくつかの反論を与えているが、もっとも主要な反論は、カヘインが指摘する重要さが、私たちが求める重要さではないというものである。ベネターによれば、私たちが宇宙のなかでの人生の無意味さに悩んでいるとき、私たちは、自分が宇宙に何の重要な影響も与えられないことや、自分の目的が宇宙のなかでは重要ではないことを悩んでいる。こうした実存的な悩みをもつ人々にとって、私たちが宇宙のなかで希少な存在なのだから重要だと言われても何の慰めにもならない。さらに、カヘインの議論は、先に述べたように、私たち一人一人の人生が重要であることを示すものではない。私たちはみな、カエルが重要であるのと同程度に重要であるにすぎないのである（Benatar, 2017, p.50）。

加えて、ベネターは、カヘインの議論からは奇妙な結論が導かれるとも論じている。前節で論じたように、カヘインの議論が正しいならば、私たちは宇宙のなかで重要であるが、地球上では重要ではない。つまり、ベネターの用語法を使うならば、私たちには宇宙的な意味はあるが、地上的な意味はないことになる。ベネターによれば、これは普通私たちが考えていることとは正反対の、ひどく奇妙な結論である（Benatar, 2017, p.51）。

以上でベネターの反論を確認したが、こうしたベネターとカヘインの対立をどのように評価することができるだろうか。

まず、ベネターが指摘するように、宇宙のなかで人生の意味について考えるとき、多くの人が重要さについての成果主義的な捉え方を前提することは間違いない。つまり、多くの人は、自分の人生の成果が、広大な宇宙のなかでちっぽけなものであることを悩みがちである。こうした人々にとって、私たちが希少であるから重要だと論じるカヘインの議論が、的外れなものに聞こえることはあるかもしれない。

しかし、このことは、カヘインの議論を拒否する理由にはならない。宇宙のなかでの人生の意味について考えるときに、多くの人が成果主義的な捉え方を前提するとしても、それは単に視野が狭くなっているためかもしれないからである。ベネターの議論は、仮に成功しているとしてもせいぜいのところ、成果の大きさだけに注目するならば、私たちの人生の成果は、宇宙のなかでは重要ではないことを示すものにすぎない。もちろん、この結論は、自分の人生の成果の大きさだけに注目する人にとってはがっかりするものだろう。しかし、私たちが、成果の大きさだけに基づいて人生の重要さを判断しなければならない理由など存在するのだろうか。少なくともベネターは、その理由を与えてはいない。すると、私たちには、成果主義的な捉え方に固執してカヘインの議論を拒む必要などないように思われる。私たちはカヘインの議論を、成果主義的な捉え方に固執していたせいで見落とされていた私たちの重要さに気づかせてくれるものとして、受け入れることができるのである。もちろんカヘインの重要さの捉え方のもとでは、私たちには宇宙的な意味はあるが、地上的には意味がないことになる。しかし、ベネターに反して、このことには特に奇妙なところはない。なぜならそれは、私たちが見落としていた別の重要さの捉え方によればそうなる、ということ以上のことではないからである。

他方で、カヘインの指摘する重要さが、私たちそれぞれの人生に固有の重要さを捉えるものではないことは問題でありうる。ベネターが指摘しているように、カヘインの指摘する人生の重要さは、私たちにもカエルにも共通の重要さである。もちろん、私たちがカエルと同様であること自体に何か問題があるわけではない。カエルの生は十分に重要なものでありうる。問題は、カヘインの指摘する重要さが、私たち一人一人の（カエルそれぞれの）生に固有の重要さを捉えるものにはなっていないことである。自分の人生の意味を考えることが、自分の人生だけがもつ特別な価値をどう評価するかを考えることでもあるならば、カヘインの指摘する重要さはそのための役には立たない。この点に関するベネターの懸念は、もっともなものだと言えるだろう。

さて、ここまでベネターとカヘインの対立をどのように評価できるかを考えてきた。もちろん、最終的な評価については読者に委ねたいが、少なくとも両者の対立を評価する上では、以上で指摘した点は大事なポイントだと思われる。

第五節　人生の物語と重要さ

前節の評価が正しいならば、カヘインの議論は、成果主義的ではない重要さの捉え方がありうることを示すものだが、他方でその捉え方は、それぞれの人生に固有の重要さを捉えるものにはなっていなかった。では、宇宙のなかで、私たち一人一人の人生が重要であることを理解することを可能にする、別の捉え方はないのだろうか。本章の最後に、ごく簡単にではあるが、この疑問に取り組むことにしたい。

そのために本節では、本章の「はじめに」で触れた、人生の意味についての「物語に基づく理解」に注目する。なぜならこの理解に注目することで、広大な宇宙のなかで、私たちのそれぞれの人生が多様な重要さをもつことを理解できるように思われるからである。

そのためにまず、人生を物語として理解することがどういうことかについて、もう少し説明することから始めよう。私たちの人生はさまざまな出来事の連続である。私たちは生まれ、成長し、老い、最終的に死を迎える。その間に私たちの人生には多様な出来事が生じるだろう。人生を物語として理解するということは、人生において生じるこうした出来事をバラバラに理解するのではなく、それぞれの出来事を相互に結びつけ、何らかの「ストーリー」をもつものとして理解することである。たとえば、生まれたときには恵まれた境遇にあり幸福だったが、だんだんと不幸になっていく人生を考えよう。このとき私たちは、その人生をバラバラの出来事の集まりとしてではなく、「転落の人生」のようなストーリーをもつものとして理解するだろう。

もちろん、現実の人生を物語として捉えるときには、いくつかの注意が必要である。人生の物語において、私たちは自分の行動を自分で決められる点で「作者」に近い存在ではあるが、現実の人生は必ずしも「作者」の思い通りには進まない。そのため、人生の途中で、物語の理解を修正する必要に迫られることはよくある。たとえば、人生の途中で大きな挫折を経験した人は、自分の人生を「順風満帆な人生」とは理解できなくなるだろう。さらに、私たちの人生の物語は複雑であり、先ほど述べた「転落の人生」のような単純なものであることはめったにない。私たちの人生には、よく理解できない出来事や、単純な物語に収まらない出来事が含まれる。したがって、多くの場合、現実の人生を単純な一つの物語として理解することは簡単ではない。

とはいえ、それでも私たちが、自分の人生（の少なくとも多くの部分）を、物語として理解していることは間違いないように思われる。もちろん、こうした考えに対して「自分は刹那的に生きており、自分の人生を物語として理解していない」と反論する人はいるかもしれない。しかし、「刹那的な人生」もまた、人生の出来事を理解するためのストーリーの一つでしかない。したがって、自分の人生について何も考えないのでもない限り、人生を物語として理解しないことは難しい。

そして、人生を物語として理解することが、人生の価値を評価することと深く結びついていることは、これまで多くの哲学者が指摘してきた点である。（代表的なものとしては、Velleman, 1991 や Fischer, 2005, 2009 などが挙げられる。）私たちが人生の価値を評価するとき、人生のさまざまな出来事の価値をバラバラに評価するなどということはしないし、以下で述べるようにそもそも困難でもある。むしろ私たちは、人生のさまざまな出来事を物語として捉えたうえで人生の価値を評価しているのである。

このことを確かめるために、次のような例を考えよう。ある人が受験に失敗したとする。この出来事がどのような価値をもち、その人生の価値にどのように関わるのかは、実際には、この出来事を単独で捉えるだけではわからない。たとえば、もし当人が受験の失敗をきっかけに別の目標をもち、後にそれを達成したならば、受験の失敗は「人生の転機」として意味づけられ、肯定的に評価されうる。その場合には、その人生全体も「受験の失敗を転機にして新たな目標を達成した人生」と評価されるだろう。しかし、もし当人が受験の失敗によって意欲を失い、その後に辛い人生を送るならば、受験の失敗は「不幸の始まり」と意味づけられ、負の評価を受ける。さらに、その場合には人生全体も、「受験の失敗をきっかけに不幸が続いた人生」として評価されるかもしれない。このように、人生における個々の出来事の価値はその出来事だけでは決まらず、前後の出来事とともにどのような物語として理解されるかによって変化する。そして、人生全体の価値の評価も、人生に含まれる出来事がどのような物語として理解されるかによって変わるのである。

これと同じことは、人生の重要さの評価についても成り立つように思われる。第三節で紹介したカヘインの議論で指摘されていたように、何かが重要であることは、それが「注目に値する」価値をもつこととして理解できる。そして、ある人生が注目に値する価値をもつかどうかは、その人生がどのような物語として理解されるかによって変わる。実際、多くの伝記の目的の一つは、人生に生じた出来事を物語として描き出すことで、その人生の物語に含まれる注目すべき価値を理解できるようにすることである。このことは、人生を物語として理解することが、人生の重要さの評価に関わることを示しているだろう。

ここまで、私たちが人生を物語として理解していることと、そのことが人生の重要さの評価と深く結びついていることを確認してきた。次に確認したいのは、こうした物語的な理解に基づく人生の重要さの評価が、ベネターやカヘインが考えるよりもずっと多様なものであることである。

そのために、ひとまず現実の人生の物語ではなく、フィクションで描かれる人生の物語について考えてみよう。現代に生きる私たちは、アニメ、漫画、ゲーム、ドラマ、小説、映画などを通じて様々なフィクションを鑑賞している。こうしたフィクションにおいては、さまざまな人生の物語が描かれる。さて、ここで一つの問いを考えてみよう。こうした物語を鑑賞するとき、私たちは、どのような人生の物語に注目に値する価値があると考えるだろうか。

もちろん、この問いに対する答えは人によってさまざまだろう。しかし、おそらく言えるのは、こうした評価を行なう際に、私たちは、重要さについての成果主義的な捉え方だけに基づいて評価することはないということである。私たちは、ある登場人物の人生が注目に値する価値をもつかどうかを考えるときに、その成果の大きさだけではなく、登場人物の人生の物語に備わるさまざまな価値——たとえば、その人生に固有の美しさやかっこよさなど——も考慮する。むしろ、こうした場面でただ成果の大きさ（他者への影響の大きさ、その足跡の大きさ）だけに注目するのは、ひどく奇妙なことでもある。なぜならそれは、宇宙を破壊しようと企む暗黒神と戦い、宇宙を救うファンタジー作品の登場人物の人生の物語が、それだけでどんな人生の物語よりも重要だと考えるようなものだからである。

現実の人生ではなく、フィクションの人生を考える利点は、この点に気づくことができることである。フィクション作品には、実際に宇宙全体に影響を与えたり、宇宙を破滅から救ったりする人物がそれなりに登場する。しかし、私たちの多くは、単にそのことだけに基づいて、その人生がもっとも重要な人生だと評価したりはしない。これはもちろん、私たちが、フィクションの登場人物の成果をまったく評価しないということではない。しかし、私たちがある人生の重要さを高く評価するときには、単に宇宙を救ったことだけでなく、その人生の物語に備わる、その人生に固有の生き様の美しさなども考慮しているはずである。

同じことは、現実の人生の重要さの評価にも当てはまるだろう。私たちは、確かに、大きな成果を残した偉人の人生を重要なものとみなしている。しかし、こうした評価は、必ずしも偉人が成し遂げた成果の大きさだけに基づくものとは限らない。私たちは同時に、その人生の物語に含まれる他の価値——新たな挑戦を繰り返したことや、苦難に負けなかったことなど——も評価しているだろう。さらに、私たちは一般に、必ずしも大きな成果に結びつかない人生の物語に、注目すべき特別な価値がありうることを認めている。たとえば、成果の点ではナイチンゲールやシェイクスピアに遠く及ばないとしても、苦しい状況でも常に明るく患者を支える看護師や、売れなくても情熱的に作品に取り組む作家の人生は、私たちにとって特別な注目に値するものでありうる。日常的な文脈においては、私たちにとって重要な人生は、偉人たちの人生だけではないのである。そしてこのことは、人生の重要さについての私たちの評価が、人生に固有の物語を評価することに基づく多様なものであることを示している。

加えて、私たちの人生の物語がもつ価値の多くは、宇宙が広大であることに影響されるものであるとは思われない。たとえば、田舎で美しい庭を管理しつつ静かに生きる人生の物語に備わる価値——地味でありながら穏やかで温かいものであること——や、短いけれども懸命に生きた人の人生の物語がもつ価値——自らの死に直面しながらも、ひたむきで真剣なものであったこと——は、宇宙が広大であると注目に値しないものになるのだろうか。正直なところ、なぜそうなるのかを理解することは難しい。

さて、以上で述べてきたことが正しいならば、物語的な理解に基づく人生の重要さの評価は、成果主義的な捉え方に基づく評価よりもずっと多様である。むしろ、成果主義的な重要さの評価は、物語的な理解に基づく評価のごく一部であると言えるかもしれない。また、こうした評価は、カヘインの重要さの評価とは異なり、私たち一人一人の人生がもつ固有の重要さを捉えるものである。さらに、こうした評価に基づいて捉えられた人生の重要さは、必ずしも宇宙が広大であることによって損なわれるものではない。すると、こうした評価に基づくならば、私たちの人生は、それぞれに固有の仕方で、この広大な宇宙のなかでも重要だと考えることが十分に可能ではないだろうか。

加えて強調しておきたいのは、物語的な理解に基づく人生の重要さの評価が、日常的な文脈では、私たちにとってごく当たり前のものだということである。私たちは日常のなかでさまざまな人と出会い、それぞれの人生の物語が、他の人生の物語とは異なる重要さをもつことをよく知っている。だからこそ、私たちはそうした人の人生に憧れたり、それを真似したりしているのである。つまり、日常的な文脈においては、私たちは人生の物語の重要さを、そもそも成果の大きさだけでは評価していない。

すると、むしろ問題になるのは、なぜ私たちが、広大な宇宙のなかでの私たちの人生の意味について考えるときに、ベネターのように成果の大きさばかり気にかけてしまうのかということである。そのことについての一つのありうる説明は次のものである。私たちが宇宙における私たちの人生の意味について考えるとき、私たちは宇宙の極端な大きさや歴史の長さに目を奪われがちである。そして、そのことは、宇宙のなかで私たちの人生の影響が小さく、ごく短い間しか続かないことばかりに注目するように私たちを促す。結果として、私たちは、人生の成果以外の側面も自分が評価していることに注意が向かなくなってしまう。つまり、「広大な宇宙のなかで、私たちの人生にどんな意味があるのか」という問題設定そのものが、むしろ私たちの人生の物語がもつ多様な重要さに目を向けることを阻害しているかもしれないのである。

第六節　おわりに

本章では、広大な宇宙のなかでは、私たちの人生に意味があるのかという問題について検討してきた。「広大な宇宙のなかでは、ちっぽけな私たちの人生には意味がない」という考えには、一見したところ説得力がある。しかし、実際には、こうした考えが正しいように思われてしまうのは、宇宙の広大さに目が眩み、人生がもつ価値を不当に狭く評価しているからかもしれない。本章で示したかったのはこうした可能性である。

最後に、「人生の意味」の三つの理解の仕方について補足することで、本章を閉じることにしたい。本章第五節の議論は、「人生の意味」についての「重要さに基づく理解」と「物語に基づく理解」が密接に結びついていることを示すものである。つまり、人生の重要さの評価は、その人生を物語として捉え、そこに含まれる固有の価値を理解することに（少なくとも部分的には）基づいている。また、本章では十分に論じることはできなかったが、おそらく「目的に基づく理解」と「物語に基づく理解」も深く関係している。なぜなら、人生を特定の目的をもつものとして理解することは、人生を物語として理解する典型的な方法の一つだからである。したがって、「人生の意味」についての三つの理解の仕方は、深いところで繋がっている。この繋がりをさらに正確に理解することは、人生の意味の哲学にとって興味深い課題だろう。

【参考文献】

伊集院利明（二〇二一）『生の有意味性の哲学——第三の価値を追求する』晃洋書房。

Benatar, David (2017) *The Human Predicament: A Candid Guide to Life's Biggest Questions,* New York, Oxford University Press.

Fischer, John M. (2005) "Free Will, Death, and Immortality: The Role of Narrative", *Philosophical Papers,* 34, pp.379–403.

Fischer, John M. (2009) "Stories and the Meaning of Life", in John M. Fischer, *Our Stories: Essays on Life, Death, and Free Will,* New York, Oxford University Press, pp.165–177.

Kahane, Guy (2014) "Our Cosmic Insignificance", *Noûs,* 48 (4), pp.745–772.

Velleman, J. David (1991) "Well-Being and Time", *Pacific Philosophical Quarterly,* 72, pp.48–77.

【読書案内】

● Benatar, David (2017) *The Human Predicament: A Candid Guide to Life's Biggest Questions,* Oxford University Press.

本章では、主に人生の意味についての議論を紹介したが、ベネターは、他にも「生の質

(quality of life)」、「死」、「不死」、「自殺」など、生と死に関わる重要な哲学的問題を——もちろんどの問題についても悲観的な観点から——論じている。邦訳は残念ながら出版されていないが、英語は比較的易しめではある。

●伊集院利明（二〇二一）『生の有意味性の哲学——第三の価値を追求する』晃洋書房。
人生の意味の研究として、現在日本語で読むことができるもののなかでおそらくもっとも詳細で包括的な研究書である。また、人生の意味を人生の成果の大きさに基づいて捉える立場を厳しく批判しており、ぜひ本章の議論と併せて読むことをお勧めしたい。

●パスカル著、前田陽一・由木康訳（二〇一八）『パンセ』中央公論新社。
カヘインの議論を読んで、有名なパスカルの「考える葦」の話を思い出した人も多いかもしれない。実際、カヘイン本人も論文のなかで、まさにその話を自身の議論に近い考えとして紹介している。広大な宇宙のなかでの私たちの位置づけを考えるうえでの代表的な古典である。

第四章　「人生の意味」についての客観説と主観説

蔵田伸雄

「人生の意味」については「客観説」と「主観説」があると言われている。「人生の意味」についての「客観説」とは、「人生の意味」を主観的な満足などの価値ではなく、「客観的な価値」、特に人生の中で生み出されるものの価値、具体的には何らかの行為の成果の価値や、行為の結果の道徳的価値、科学的価値、美的価値等に見出す立場のことである。一方、「主観説」とは人生の意味を欲求の満足などの主観的なものに見出す立場のことである。しかし人生の意味は自分の満足などにあると考えるのが自然ではあるが、人生の意味を主観的な自分の満足だけにあると考えることには無理がある。人生に意味があると感じるためには、自分が生み出したものにも客観的な価値があると感じる必要がある。一方、純粋な「客観説」では、自分が生み出したもの、あるいは生み出そうとしているものを、自分の主観とは切り離して肯定する必要がある。しかし、そもそものようなことは可能なのだろうか。やはり自分の人生の価値は自分の生の内側にあるものによって決まるのではないだろうか。この章では人生の意味の「客観説」と「主観説」について、両者を対比しつつ分析することによって、「人生の意味」に関する議論の構造について説明する。

第一節　客観説と主観説

■人生の意味は主観的か客観的か

「人生の意味」に関する「主観説」と「客観説」との区別と、それに関連する議論は、後で紹介するアメリカの哲学者リチャード・テイラーによる「シーシュポス問題」の提起に始まる。この区別については現代の哲学者のスーザン・ウルフが提唱した人生の意味に関する「ハイブリッド説」（「人生の意味は主観的価値と客観的価値が合致する時に生じる」とする立場）の提起、さらにサディアス・メッツによる一連の議論の整理を通じてある程度明確化されている。だが「客観説」として分類されている立場にも様々なものがある。

客観説では道徳的価値、科学的知識や芸術的価値を生みだす生が「意味のある生」だとされる。このような考え方に従えば「意味のある生」とは、真・善・美に貢献する、アインシュタインのような生（真理に貢献する生）、あるいはマザー・テレサやネルソン・マンデラのような生（善や正義に貢献する生）、あるいはピカソやベートーヴェンやドストエフスキーのような生（芸術的価値のある作品を生み出す生）だということになる。アインシュタインやピカソのように科学的価値や芸術的価値を生み出す生には客観的な価値があり、マザー・テレサのように道徳的価値を生み出す生にも客観的な価値があるということになる。
また行為の道徳的価値は行為の結果として生み出される利益によって決まるとする「帰結主義」の立場も「客観説」に分類される。帰結主義では、行為の結果として社会を改善し、正義を実現していくような生が意味のある生だとされる。ここには「最大多数の最大幸福」を生み出すことを目指す（あるいは効用の最大化を目指す）功利主義も含まれる。つまり自らの行為の結果として、多くの幸福や効用、あるいは満足や利益を生み出す生、また人々の苦痛や不幸を減らす生は、多くの人から見て意味のある生だと言ってよいだろう。また「真実を言う」といった客観的な道徳的価値を伴う行為を行い続けるような生も客観的に見て意味のある生だということになる。

一方「主観説」とはこのような「客観説」に対比される立場である。主観説とは、「人生の意味」を当人の心に関わる何か、具体的には、欲求の満足、喜び、利害関心（interest）などに見出す立場である。つまり主観説では、人生を「意味あるもの」とするものは主観に依存していると考えられている。あるいは主観説とは欲求の対象や心の状態によって、人生が意味のあるものとなるとする立場であると言ってもよい。例えば私が膨大な数のアルバムを発表しているミュージシャンのすべてのCDを揃えることを人生の目的としており、実際に私がそのミュージシャンのすべてのCDを揃えることができたとしたら、私の人生は意味のあるものとなったと主観主義者は考える。このように欲求すること、さらに選択できること、目的を選んでそれを実現しようとすることができること、何かに満足していること、喜びを感じること、何かに熱中していることなどに価値を見出すのが主観説である。

この立場では、ある人の人生に価値があるかどうかは、「当人が自分の生をどう感じているか」によって決まるということになる。他人から見て「意味がない」と思われるような行為であっても、本人にとって「意味がある meaningful」(面白い、楽しい、満足できる、喜びを与えてくれる)と思えるような行為であれば、そのような行為には価値がある。そして、そのような行為を続ける生も、少なくとも本人にとっては「意味がある」ということになる。例えばネットフリックスでひたすらアニメを見続けている生は、傍から見ればアフリカの医療援助のために努力している人の生と比べて「意味がない」ように見えても、本人がそれに満足しているなら、本人にとっては「意味がある」ということになる。あるいは自分の庭の植物の草の数をひたすら数えている人の生も、本人がそれに満足しているなら「意味がある」ということになる(ただし、このように客観説の論者が主観説を批判するために用いる事例には極端なものが多い)。「人生の意味」についての議論の中では「人生に倦んだテレサ(社会に貢献しているのにそのような自分の人生に意味を見出せないマザー・テレサのような人)」といった例があげられることがある。またトルストイが『懺悔』で論じている自身の苦悩(→第九章を参照)のように、客観的な価値を生み出しているにも拘わらず「人生の意味」を感じることができないという人もいる。このような事例を考えると、人生に意味があるかどうかは結局、本人が自身の生をどのように評価しているのかによって決まるということになる。

一方、客観説の立場をとる論者（例えば功利主義者のピーター・シンガー）は、客観的な価値を生み出すことに主観的な満足を見出すことができるのだから、ここに問題はないと考える（この分野の代表的な論者であるメッツの結論も基本的には同じ路線上にある）。確かに多くの場合、社会のために生きようとしている人は、自らの生にも満足しているだろう。しかし、実際には客観的な価値の実現と主観的な満足が両立しないことが多いからこそ、人生の意味に関する問いや不満が生じることになる。

また自分が死んだ後には客観的価値をもつものも残らない。そのような価値を認識する主体である自分自身は残らないし、また人類もいつかは滅びるのだからそのような価値を感じる人も残らないということになる。客観主義はこのようなニヒリズム（あるいはこの世界では客観的価値の実現は困難であると考えるペシミズム）を真摯に受けとめていないという批判も可能である。

こういった主観説と客観説との対比が問題にされるようになったきっかけは、リチャード・テイラーという哲学者がシーシュポスの例をとりあげて議論したことにある。それではまずリチャード・テイラーのシーシュポス問題について紹介することにしよう（↓第一章）。

■シーシュポス問題

テイラーの「シーシュポス問題」はフランスの作家のカミュが「シーシュポスの神話」という

エッセイで提起した例に基づいている(カミュ、一九六九、二一〇〜二一七頁)。このカミュのエッセイはホメーロスの『オデュッセイア』などにも描かれているギリシア神話のエピソードにもとづいている。シーシュポスは神を欺いたことによって罰を課される。その罰とは巨大な岩を山上に持ち上げ、山上に持ち上げたところでその岩が自重で山の下に転がり落ちてしまうが、シーシュポスはその岩を再び山上に持ち上げなければならず、それを無限に続けるという罰である。シーシュポスは同じことを無限に繰り返さなければならないだけではない。山上に岩を持ち上げる行為は苦痛に充ちたものである。さらにこのようなシーシュポスの苦行は、何も生み出さない。シーシュポスの生は岩を持ち上げてはそれが落ちるのを眺めることを繰り返すだけで、彼が行ってきたこと、行っていること、これから行うことは世界に何の変化ももたらさない。このようなシーシュポスの生には希望も目的もない。カミュによれば、神々は「無益で希望のない労働ほど恐ろしいものはない」と考えたのだ。シーシュポスは自分の現状を肯定できず、自分の存在に意味と重要性を感じられないだろう。このようなシーシュポス的な生は「意味」のない生の典型だということになる(岩を持ち上げることを永遠に繰り返すシーシュポスの姿は現代の労働者の戯画でもある)。

テイラーは一九七〇年に出版された『善と悪』(*Good and Evil*)という著書の中で、このようなシーシュポスの状態をアレンジした例を二つあげている(Taylor, 2000, pp.322–323)。一つ目の例は、シーシュポスが山上に岩を持ち上げても、その岩が落ちることはなく、持ち上げた岩で壮麗な宮殿をつくることができるとしたら、シーシュポスの生は意味のあるものになるのではないかという例である（テイラーは明確には述べていないが、その宮殿が誰の目にも入らないということはないと想定される）。シーシュポスの生が無意味なものに思われるのは、シーシュポスの生が何も残さないからである。またテイラーは別の例もあげる。シーシュポスの体内に何らかの物質（薬物）が注入され、彼が岩を持ち上げたいという絶え間ない衝動を持つようになるとしたらどうだろうか、という例である。シーシュポスは「岩を持ち上げたい」という強い欲求に支配されており、もはやシーシュポスは岩を持ち上げることに苦痛を感じることはない。シーシュポスが永遠に岩を持ち上げ続けなければならないとしても、シーシュポスは「自分の人生には意味がある」と感じることになるだろう。前者のような解決を支持する人は客観説の立場を支持し、後者の立場を支持する人は主観説を支持するということになる（なお、テイラーはどちらかというと主観説の立場をとり、盲目的な「生きる意志」を重視している）。

以上のテイラーがアレンジしたシーシュポスの例からもわかるように、客観説とは壮麗な宮殿のような、目に見える、形に残るものをつくるような生に「意味」を見出すような立場である。またここで生み出される成果は必ずしも目に見える、物理的な成果でなくてもよく、例えば科学的真理のような目に見えないものであってもよい。このように外的（それは美のような非‐物質的な価値でもよい）・非個人的な価値に人生の意味を見出す立場が客観説である。ここで「客観的」とは、普遍的、あるいは多くの人に妥当するといったことである。一方「主観的」とは、

「誰かにとって」利益（interest）がある、あるいは「その存在が誰かの心に依存している（mind-depending）」ということである。それに対して「客観的」とは、誰の心にも依存しない、「心」からは独立している（mind independent）といったことである。または自分の心の外側にある、ということだと言ってもよい。そしてそのような客観的な価値については、「誰にとっても同じように価値があるはずだ」ということになる。

「人生の意味の客観説」の特徴の一つは、ある人の人生に「意味がある」と判断し、かつその人の人生に「意味がある」と判断するための条件について意見を共有するような人なら誰でも、そのような人生に意味があると判断するはずだ、ということである。マザー・テレサの生に意味があるなら、生を意味あるものとするための条件について意見が一致する誰もがマザー・テレサの生には「意味がある」と判断するはずだということになる。

一方「主観説」とは人生の意味を主観的なもの、つまり人生の内的な満足感などに置く立場のことである。主観説に説得力があるのは、人生の意味は何らかの満足感にあると考えられることが多いからである。実際「生きる喜び」は何らかの快感や満足感に伴うことが多い。自分の生に満足できていないなら、自分の生に意味があると考えることはできないだろう。

だが、主観説に対しては、満足が得られるならどのような種類の満足でもよいのか、という反論がなされることになる。例えば、麻薬によって得られる満足でもよいのか、あるいは先に見たように自分の庭の植物の葉の数をひたすら数えることといった非生産的な行為に伴う満足でもよいのか、ということになる。「客観説」とはこのような考えを支持しない立場だと考えてよい。

そして行為と生の評価は「どのような視点から自分の行為を見ているのか」という問題とも関わっている。主観説の典型的な立場では、「自分が満足していればよい」という形で個人的かつ内的（internal）な、あるいは心理的な観点から自分の生に対する評価がなされている。しかし実際には私たちは自分の生を自分の視点から「のみ」見るようなことはほとんどなく、自分の生を外的な視点から、あるいは他者の視点からも見ているだろう。そのような外的視点をとるとき、自分の生について「自分が満足していればそれでよい」と判断することは難しい。

スーザン・ウルフという現代アメリカの哲学者は「意味は主観的魅力が客観的な魅力と合致するときに生じる」'Meaning arises when subjective attraction meets objective attractiveness' というスローガンを提示している（Wolf, 2015, p.112）。このスローガンによれば、本人が自分の行為にどれほど満足していても、それが客観的な意味や価値を伴わなければ、そのような行為を続ける生には意味がない、ということになる。「ひたすら数独（ナンバー・プレース）の問題を解き続ける生」「『戦争と平和』を書き写す生」は、どれほど本人がそれに満足していて「意味がある」と感じていても、自分の外部に価値あるものを何も生み出さない。ウルフによればこのような行為を続ける生には客観的には意味がないということになる。「客観的な」観点からは、このような非生産的な生に意味があると考えることは難しい。

■様々な客観説

何が自分の人生に客観的な意味を与えてくれるのか、といったことについての意見は人によってかなり異なる。そのため客観説にも様々な立場があると考えてよい。自分の人生に客観的な「意味」を与えてくれるものとして、メッツは以下のような事項を列挙している（https://plato.stanford.edu/entries/life-meaning/）。自分を越えた何か大きいもの、具体的に言うと、国家、企業、サークル、社会的に重要な何らかの運動の一部となること。芸術作品などの何か価値のあるものを創造すること。あるいは科学的な真理を発見すること。感情に充ちた生活を送ること。価値ある結果を生み出すこと。自分の生活の質を高めること。他人の生活の質を高めること。たぐいまれな形で自分の能力を発揮したり、自分の資質を育くんだりすること。実現困難な目的に向かって進んでいくこと。長期間にわたって残るような目的を実現すること。有徳な生き方をすること。愛するに値するものを愛すること。このように、何に価値があると考えるのかによって、客観説にも様々な立場を考えることができる。

客観説にも、言わば「物理的な」（「自然的な」）と呼ばれることもある）成果に意味を見出すタイプの立場もあるし「非物理的な」（「非自然的な」と呼ばれることもある）成果に意味を見出す立場もある。「物理的な」客観説としてわかりやすい立場は、物理的に形がある「意味ある」ものを生みだすような生に意味があると考えるものである。目に見える大きな建造物を自分の力でつくることができれば（しかもそれが多くの人の役に立つようなものであれば）、自分の人生には意味があったと感じられるかもしれない。もし自分が道路や、ビルや、公園といった人の役に立つ建造物をつくることができる立場にあるとするなら、自分によって造られた建造物は自分の人生を「意味のある」ものにしてくれる。テイラーが言うように、シーシュポスが持ち上げた岩を使って壮麗な神殿をつくることができるのなら、彼も自分の人生には意味があると感じることができるだろう。同様に、子どもを育て上げた、あるいは地域社会に何らかの貢献をしたといった事実があれば、それもまた自分の生に客観的な「意味」を与えてくれると言ってよい。このように自分が世界の中に幸福や利益を増やしたと感じられるなら、自分の人生には客観的に意味があったと言うことができるであろう。例えば自分が医学の研究に従事していて、多くの人の生命を救うような治療法を開発し、結果として多くの人の生命を救うことができたとしたら、自分の人生には「意味があった」と感じられるだろう。そして生み出される価値が大きければ大きいほど人生は価値のあるものになる。その一方で自分が世界の中に何も生み出さず、人を幸福にすることもないなら、自分の人生には「意味がない」と感じられることになるだろう。

このように考えるなら、「意味のある生」とは先に名前をあげた「偉人」の人生のような生だということになる。もっとも客観説の立場をとるとしても、必ずしも偉人のような生を生きることを目指さなくてもよい、という考え方もある。ささやかなものであれ、世界に何らかの貢献ができているなら、あるいはわずかでもよいので世界を改善することができているなら、そのような生も意味のある生だということになる。自分の生は偉人の生のようなものではないので、自分の生には意味がない、と感じられることもあるだろう。だが「社会や周囲に全く貢献していない生」を考えることも難しい。自分の人生にあまり意味がないと思われることがあるとしても、「全く」意味がない、ということはないであろう。そして自分の人生の意味を認識するためには、自分が世界・社会に対してどのような貢献をしているのか、自分が社会や他者に対してどのような影響を与えているのかを客観的に正しく「認識」すればよいということになる。つまり自分の人生に意味がない、と感じる原因は自分が社会や他人に対して与えている影響を正しく認識できていないことにある、と言うことができる。

また人生の意味に関する客観説とは、行為の結果として生じることの価値に着目する立場につきるものではない。生み出される価値は必ずしも目に見えるものの価値でなくてもよい。例えば科学的な知識は目に見えるような「物理的（自然的）な」ものではない。次に、そのような価値を重視する立場について見ておこう。

■非物理的なものの価値

客観説の立場は目に見える、形に残る成果の価値だけに着目するような「帰結主義」的なものだけではない。客観説が重視する非‐自然的・非物理的な価値は真・善・美などの客観的価値である。非物理的な価値としての善とは、道徳的行為に伴う価値である。つまり自分がなすべきだと思うことをしているなら、あるいは世界から苦痛や不幸を減らすために努力しているなら、または正義を実現しようとしているなら、そのような生も客観的に意味のある生だということになる。マザー・テレサやガンジーや、キング牧師の生は、言うまでもなく意味のある生である。しかし自分の行為が必ずしも彼女たちの生のように実を結ばなくても、道徳的に行為しようとするなら、そのような行為そのものには客観的な価値がある、と言ってよいだろう。

あるいは科学研究に従事することによって、数学的真理のような必ずしも社会に役立つわけではないような「真理」を明らかにする生も意味のある生だということになる。数学的真理には客観的な価値があると考えられているからである。数学的真理などの科学的真理は誰にとっても正しいものなので、科学によって明らかにされる真理の価値は「客観的」であると言える。また真・善・美といった価値の実現につながる行為を行うこと自体、つまり科学的研究、慈善的な活動、芸術作品の制作といった活動そのものも客観的な価値を伴うということになる。

またある種の科学的知識には客観的な、「内在的価値」（何らかの目的のための手段としての価値ではなく、それ自体での価値）があると考えられている。ある物理学的知識が何らかの技術への応用可能性を秘めているなら、そのような物理学的知識には実用化につながるという客観的な価値がある。だがある種の数学的知識のように、全く応用可能性をもたないような知識であっても、真なる科学的知識には何らかの「内在的価値」があると考えることもできる。

ここで「価値」とは人々が何かに肯定的な態度を示すとき、その態度に付随するものだと言ってよい。「客観的な価値」をもつとされるものに対しては、多くの人が同じ態度をとるはずである。美しいものに客観的な価値があるなら、誰もがそれに対して同じような態度をとるはずである。そしてこのような、客観的に「価値あるもの」によって、生もまた価値を与えられると考えられる。このように客観説では「客観的な価値のあるもの」によって生に価値が与えられると考えられている。

一方、主観説では人が満足を感じる対象が異なっていてもよい、と考えられている。何に満足を感じるかは、人によって異なっている。ある人はサッカー観戦に満足を感じるであろうし、別の人はオペラ鑑賞に満足を感じるだろう。バーチャルアイドルが歌い踊る画像を観ることに満足を感じる人もいるだろう。

それに対して客観説の立場では、そこで「生み出されるもの」の価値は「客観的に」評価されると考えられている。「善」に関して言うと、功利主義者・帰結主義者であれば、ある人の人生から生み出される快楽・利益・効用などの量を客観的に量り、その量が大きければ大きいほどその人の人生には「意味がある」と判断するだろう。また科学的真理の価値は誰かの価値観に依存するものではなく、アインシュタインが発見した真理の価値は誰にとっても同じもののはずである。なお、ここでは科学的真理に客観的価値がある、ということと、「その発見者にとって価値があること」とを区別する。客観説が問題にしているのはアインシュタインが発見した科学的知識そのものの価値であり、それが発見者であるアインシュタイン自身にとって「意味がある」と感じられているかどうか、ということではない。ここでは科学的知識をもつ人がその知識に何の「意味」も見出さなくても、科学的知識そのものには内在的価値があるということが前提されている。発見者が自分の見つけた科学的知識そのものに価値を見いださないとしても、その科学的知識には客観的な意味があると考えられる。

また科学的真理や芸術作品、道徳的行為以外に客観的にそれ自体で価値があり、人生を意味あるものとするものとしては、愛、友情などをあげることができる。私が誰かを愛したり、誰かに愛されたりするなら、そのような愛には客観的な価値がある。愛や友情が人生を意味あるものとすると考えるような立場では、「偉人のような生」を「意味のある生」とするような立場とは異なり、誰にでも目指すことのできる生が「意味のある生」だと考えられている。

このような客観説に対しては、結局それは人生の意味を、自らの生ではなく社会への貢献など、他のものに還元しているのではないか、という批判が可能である。こういった点について考えてみよう。

■ハイブリッド説

前述のように客観説とは人生を「意味のある（meaningful）」ものとするのは当人の心の外にあるか、心から独立しているものだと考える立場である。「意味がある」という語は多義的ではあるが、ここでは何かが重要である（significant）くらいの意味で理解しておいてほしい。そして他人から見ても（あるいは「神の視点」や「宇宙の観点」から見ても）意味があるような生でなければ、生には意味がないということになる。だが、このような客観的価値があるだけで、人生に意味があるということになるのだろうか。

このような客観説に対して、主観説が有力であるように思えるのは、世の中に何の貢献もしない生であっても本人が自分の生に満足しているなら、そのような生には意味があると感じられることが多いからである。あるいは、世の中にどれほど大きな貢献をしたとしても、本人が自分の人生に「意味」（満足や喜び）を感じないなら、そのような人生には意味がない、と感じられることがある。大きな医学的発見をして、多くの人の生命を救い、多くの人を病気から守った医学研究者が、そのような自分の人生に意味を見出すことができず、他の人生もあったのにと後悔しているなら、そのような人生は「主観的には」意味がない、ということになる。客観説に対する批判の一つに、どれほど客観的な側面から見て重要なことであったとしても、本人にとってそれが重要なことだとは思われないなら「意味がない」と思われてしまうということがある。「意味がある」という表現は「自分にとって意味がある」、「自分にとって重要である」、ということを含意している。自分の発見の結果として多くの人の命が救われたとしても、あるいは自分の発見が人から評価されたとしても、自分の人生に意味が感じられないのなら、そのような人生には意味がない、ということになる。このようなことを考えれば、やはり主観説の方が説得力があると思われる。あるいは客観説をとるにしても、本人がそれに満足していなければ客観的な価値にも「意味がない」と考えることができる。

先に紹介した、スーザン・ウルフのスローガンに示されている、「人生の意味は主観的魅力や価値と客観的魅力や価値が合致する時に生じる」という立場は人生の意味に関する「ハイブリッド説」と呼ばれている。この立場では、この医学研究者にとって、医学研究が主観的に魅力がなければ、その研究は意味がない、ということになる。

また他人のために利他的に、道徳的に、倫理的に生きようとするなら、そのような生は道徳的に価値のある生である。だがそのように生きようとするなら、自分の喜びや人生設計をある程度犠牲にせざるをえず、「人生の意味」が損なわれたように感じられるかもしれない。自分の人生を肯定できるためには、そのような生には「意味がある」と感じなければならない、ということになる。

先のスーザン・ウルフの「意味は主観的魅力が客観的な魅力と合致するときに生じる」というスローガンは、「ある行為に客観的な価値があるだけでは人生の意味は生じないし、本人がそれに対して主観的な満足を感じなければ人生の意味は生じない」ということでもある。このような事実はハイブリッド説の妥当性を示すものでもある。本人の満足が伴わなければ、あるいは本人が自分の人生を肯定できなければどれほど客観的な成果があがったとしても当人の人生に意味はない、ということになる。

第二節　客観説の問題点

■客観的な価値とは何か

次に、このような客観説の問題点について考えてみたい。

まず「人生の意味」という語が指示しているような客観的な「価値」とはどのようなものなのかが明確ではない。そもそものような「価値」は「ある」と言うことができるのだろうか。このような価値はあらかじめ何らかの形で存在していて、「認識」あるいは「発見」されるようなものなのだろうか。それとも、そのような価値は「認識」や「発見」の対象となるようなものではなく、いわば「作られる」ものなのだろうか。自分の人生の意味とは土の中に埋もれた古代の遺跡のようなもので、発掘作業を行えば遺跡を発見できるように、自分の生活を掘り起こせば「自分の人生の意味」を「発見」できるのかもしれない。あるいは人生の意味とは自分の家のようなもので、自分の家を建築するように、自分の人生の意味を作っていけばよい、ということなのかもしれない。前者については、そもそも私たちにそのような価値を「認識」したり「発見」したりする能力や方法はあるのか、ということが問題になる。後者については、どのようにすればそのような価値を構築することができるのか、ということが問題になる。

そして「人生の意味の価値は存在しない」という立場にも様々な立場を考えることができる。

「それは将来、存在することもあるかもしれないがまだ存在していない」と考える立場もあれば、そもそも「人生の意味」と呼ぶことができるようなものは「存在しえない」という立場もある。人生の意味とは、まだ生まれていない自分の子どものようなものなのかもしれない。あるいはゴジラのように存在しえないものなのかもしれない。存在しえないのに、存在しているように感じられてしまうのは、その価値を言わば「投影」しているからである。ゴジラは存在することはできないが、映画館のスクリーンの背後にゴジラが存在するように思えるのはゴジラがスクリーンに投影されているからである。同様に「人生の意味」と呼べるものは存在しえないが、私たちがそのような価値を何かに投影しているので、それが存在するかのように感じているのだと考えることも可能である。

「人生に意味がある」という発言は、「客観的に存在する何か」を発見・認識してそれを報告するような発言だと考えることもできる。だが「人生に意味がある」と言われるときには話者（あるいはそのような判断を下している人）は満足や充実感といった感情を抱いていて、その感情に基づいて「この人生は生きるに値する（あるいは値しない）」と判断し、そのような判断にもとづく態度（あるいは感情）を表出していると考えることができる。このような考え方はむしろ価値の主観説にもとづいている。このような場合、「人生の意味とは何か」という問いは、自分の人生の中の何に対して肯定的な態度をとるべきか、という問いになる。こうして「自分の人生に意味がある」という発言は、「人生の意味」という客観的に存在する何かがなくても、あるいはそれを認識できていなくても、何かに対して肯定的な態度をとっているなら可能であるということになる。このように考えるなら、主観説で十分なのであり、客観説をとる必要はないということになるだろう。

■状況と運

また客観説に対する主観説の強みの一つとして、主観説は状況や運に左右される度合いが低い、ということがある。自分の行為の結果として自分が価値を認めるような成果が生み出されるかどうかは、運や状況に左右される。客観説の典型的な立場である帰結主義では、自分が行うことによって意味があると感じる事態が生じるかどうかはわからないため、自分の人生に意味があると感じられるかどうかは運次第ということになる。しかし主観説では内面的な満足などが重視されるため、自分が感じる価値が状況などによって左右されることが少ない。確かに自分が満足を得られるかどうかもある程度は運次第である。しかしある状況で、あることがらから満足をえることができないとしても別のものから満足を得ることができるかもしれない。自分の内的満足に意味を見出す主観説では、運に左右される要素は客観説よりも少ないと言ってよいだろう。

■宇宙的な無意味さ

また「外的な視点」をとって、自分の行為を外側から見るとき、時間的・空間的なスケールを大きくすると、自分の行っていることに意味が感じられなくなる、という問題がある。どれほど「意味のある」ように思える成果も、大きな空間的・時間的スケールから見ると何の「意味」もないということになる。壮麗な宮殿を造っても、いつかは壊れて朽ちていってしまう。また自分が大きな業績を成し遂げても百年後、あるいは一万年後には忘れ去られてしまうだろう。一億年後には人類も滅びているだろう。また自分がどれほど大きなことを成し遂げたとしても、この宇宙の大きさ（一三七億光年以上はあると言われている）に気づくならば、広大な宇宙の中では自分の生み出した成果はあまりにちっぽけであり、何の「意味」もないと感じられてしまうかもしれない。このように考えると、自分が成し遂げたことには何の意味もない、と思われるかもしれない（↓第三章　宇宙的な無意味さ）。

またたとえ自分がどれほど大きな業績を成し遂げたとしても、自分は遠からず死んでしまう。自分が死んでしまえば価値を認識する私自身、意味を感じる私自身が存在しなくなってしまう。どれほど大きな成果をあげても、その意味を感じる自分自身が存在しない。そのようなことを考えると重要なのは、今、ここで私自身が自分の人生に意味を感じているかどうかということだということになる。この場合の「意味」とは、今、存在している自分自身にとっての主観的な「意味」である。主観説とはこのような点を重視する立場であり、このような点で客観説に対して優位にあると言うこともできる（テイラーが主観説をとるのもこのような理由による）。主観説には宇宙的な無意味さを忘れさせてくれるという効果があり、そのようなことを考えると「人生の意味は自分が人生の意味を感じる時に生じる」という主観説の立場はもっともらしいように思われる。

■客観説の難しさ

最後に客観説の問題点について再確認しておこう。

客観説では、ある人の人生に価値があるかどうかを決めるものは、その人が発見した科学的真理などであり、その人の人生の価値はその人自身がそれに関心をもつかどうかとは無関係に決まるということになる。だが、例えば、壮麗な宮殿をつくった人自身は、その宮殿について「こんなものに意味はない」と感じるかもしれない。どれほど客観的に価値あることを発見しても、またどれほど社会の中に利益を生み出したとしても、その行為者自身が、自分が生み出したものに意味や価値を感じなければ、その人の人生に意味があると言うことはむずかしい（しかし実際には本当にその人の人生に何の意味もない、と考えることも難しい。他の人はそう考えないからである）。

また科学的知識が知識の持ち主にいかなる「意味」ももたない、などということを考えることも難しい。また道徳的な行為の結果として生じる人々の幸福などが、行為者にとっていかなる意味ももたない、などということも考えにくい。知識の持ち主と知識そのものを完全に切り離して、後者のみに価値をおくということは不自然であるようにも思われる。あるいは、人と、その人が生み出した他の人々の幸福の価値を完全に切り離すことも難しい。このように考えると純粋な客観説（人生の意味の価値は当事者とは完全に独立している）を主張するのは困難である。

確かに主観説には様々な問題点があり、客観説の方が説得力があるように思われる。しかし、客観説にも以上のような問題点がある。このようなことを考えると主観的要素と客観的要素の両方を考慮する「ハイブリッド説」は説得力のあるものだと言ってよいだろう。

【参考文献】


伊集院利明（二〇二一）『生の有意味性の哲学――第三の価値を追求する』晃洋書房。

佐藤岳詩（二〇一二）「生の意味の問題における主観説について」『倫理学研究』第四二号、一五九～一七〇頁、関西倫理学会。

村山達也（二〇一七）「人生の意味の分析哲学」『現代思想』一二月臨時増刊号総特集「分析哲学」四五巻二一号、二六六～二八二頁、青土社。

カミュ、アルベール著、清水徹訳（一九六九）『シーシュポスの神話』新潮文庫。

シンガー、ピーター著、山内友三郎監訳（二〇一三）『私たちはどう生きるべきか』筑摩書房。

シンガー、アーヴィング著、工藤政司訳（一九九五）『人生の意味――価値の創造』法政大学出版局。

Benatar,David (2017) *The Human Predicament*, New York, Oxford University Press.

Landau,I. (ed.) (2022) *The Oxford Handbook of Meaning in Life*,Oxford University Press.

Metz,T. (2013) *Meaning in Life*, Oxford University Press.

Taylor,R. (2000) *Good and Evil*, Prometheus Books.（一九七〇年にMacmillanから出版された）

Wolf,S. (2010) *Meaning in Life and Why It Matters*, Princeton University Press.

Wolf,S. (2015) "Happiness and Meaning:Two aspects of The Good Life" in her *The Variety of Values: Essays on Morality,Meaning and Love* ,Oxford University Press.

【読書案内】

●ネーゲル、トマス著、永井均訳（一九八九）『コウモリであるとはどのようなことか』勁草書房。
主観性と客観性の乖離をどう克服するか、といった問題について論じられている。

●グラバー、ジョナサン著、加藤尚武・飯田隆監訳（一九九六）『未来世界の倫理——遺伝子工学とブレイン・コントロール』産業図書。
第9章ではシーシュポス問題についてとりあげ、特に仕事との関連や欲求との関係性についての考察を行っている。

第五章　人生の意味と幸福

杉本俊介

第一節　はじめに

人生の意味とは何か。この問いについて考えるとき、それが幸福と同じものなのか、違うものなのかが気になるだろう。哲学、特に最近の分析哲学では、人生の意味は幸福とは違うことが強調されてきた。そして〈不幸だけど意味のある人生〉や〈幸福だけど意味のない人生〉がありうると論じられてきたのだ。

本章では、人生の意味と幸福の関係について考察する。はじめに述べておけばその関係は簡単ではない。人生の意味について様々な考え方があるのと同様に、幸福についても様々な考え方があるからだ（本章とは別の仕方でその関係に迫ったものとして、伊集院利明の研究（伊集院、二〇二一）が挙げられる）。

まず、哲学で人生の意味がどのように幸福と対比されてきたかを、〈不幸だけど意味のある人生〉や〈幸福だけど意味のない人生〉の具体例を挙げながら示していく（第二節）。次いで、幸福に関する様々な考え方を見ていく（第三節）。そのうえで、それぞれの考え方のもと、幸福と〈人生の意味〉の関係に迫っていく（第四節）。

第二節　人生の意味と幸福との対比

哲学、特に最近の分析哲学では人生の意味が幸福と対比されてきた。〈不幸だけど意味のある人生〉や〈幸福だけど意味のない人生〉がありうると言う。もし〈不幸だけど意味のある人生〉がありうるのであれば、今不幸だと感じている読者にとって希望になるかもしれない。だが、それはどのような人生だろうか。

新型コロナウイルス感染症パンデミックに陥ったこの世界を振り返ってほしい。多くの人々が亡くなった。仕事を失った人もいるだろう。外出ができず、幸せを感じられない日々が続いた人もいるはずだ。哲学者の中にはそうした中でも人は人生に意味を見出すことができると励ました者がいる（Jenkins, 2020）。

そこで語られる「人生の意味」はたとえば、誰かを愛するだとか、その人のために何かを行なうとか、何かを成し遂げるとかである。いずれにせよ、自分より大きい何かのために生きることで見出される意味がそこで語られてきた。

あるいは、手を洗っては何かに触れ、また手を洗っては何かに触れを繰り返す日々を、シーシュポスの日々になぞらえる哲学者もいた（Metz, 2020）。第一章で見たように、ギリシア神話のなかでシーシュポスは神々の怒りを買って、冥府で巨大な岩を山頂まで押し上げる労苦を永遠に繰り返す。パンデミックの中で手洗いを繰り返す日々を同様の「無意味な人生」の始まりと考え、何か新しいことをすることに意味を見出すべきだと主張している（Ibid.）。

別の例もある。哲学を学ぶと、過去の哲学者には人生を通して、あるいは人生のある時期が不幸である人物を知る。たとえば、十九世紀英国の哲学者J・S・ミルは二〇歳の頃「精神の危機」に陥ったと自伝で語っている。「私はだれしも時々陥りがちなように、神経を鈍麻した状態にあった。快楽も、快い昂奮も感じなかった。ほかの時なら愉快と感じられることが、つまらなくどうでもよく感じられるような心境であった。」（Mill, 1873 邦訳一二〇頁）。父による英才教育がかえってミルを苦しめたのだと言われる。だが、この不幸な時期があったからこそミルは父やその友人ジェレミー・ベンサムの考えから離れ独自の道を歩むようになる。この不幸な時期がミルに人生の意味を与えたと言えるかもしれない。

二十世紀オーストリア出身の哲学者ルートウィヒ・ウィトゲンシュタインの例も挙げられる。彼の最後の言葉は「自分は素晴らしい人生を送った」だった。イギリスの哲学者フィリッパ・フットは傍から見れば不幸な人生を送ったウィトゲンシュタインの言葉から、幸福では語りえない「素晴らしい」人生の意味を見出そうとしている（Foot, 2001, p.85 邦訳一六一頁）。これらが

〈不幸だけど意味のある人生〉の例とされてきた。

反対に〈幸福だけど意味のない人生〉があるとしたらどういう人生だろうか。たとえば、巨大な岩を山頂まで押し上げる労苦を永遠に繰り返すシーシュポスが、もしその労苦に幸福を感じていたらどうだろうか。それでも永遠に岩を転がすだけの人生は無意味であり続ける。これは〈幸福だけど意味のない人生〉かもしれない。

また、経験機械（experience machine）という思考実験がある（Nozick, 1974, p.42 邦訳六七～六八頁）。それは大まかに言えば次のような問題である。

あなたが望むとどんな経験でも与えてくれるような、経験機械があると仮定してみよう。超詐欺師の神経心理学者たちがあなたの脳を刺激して、偉大な小説を書いている、友人をつくっている、興味深い本を読んでいるなどとあなたが考えたり感じたりするようにさせることができるとしよう。その間中ずっとあなたは、脳に電極を取り付けられたまま、タンクで漂っている。あなたの人生の様々な経験を予めプログラムした上で、あなたはこの機械に一生繋がれているだろうか。

この機械はリアルな経験と実質的に同じ内容の経験を与えてくれる。それは幸福な経験かもしれない。それでも経験機械の中での幸福な人生に意味がないと考える人がいるかもしれない。

南アフリカの哲学者サディアス・メッツは、上のような例から〈人生の意味〉は少なくとも幸福と異なる概念でありそうだと推測し、この推測を裏付ける議論を展開する（Metz, 2013）。以下、メッツの議論を見ていこう。

メッツは幸福に様々な考え方があることに注意し、私たちが幸福であると思える心の状態に「幸福」を限定して考えている（以下では、メッツが使う限定的な意味での幸福を太字で**幸福**と示す）。ちなみに、哲学ではこの時の心の状態を専門用語で「快楽（pleasure）」と呼んだりする。日常用語の「快楽」は官能的な欲望が満足した状態を指すこともあるが、それとは違う意味なので注意してほしい。

メッツによれば、〈人生の意味〉とこの狭い意味での幸福（つまり**幸福**）はいくつかの共通点をもつ。まず、両者は何か別の価値あるものを実現するための道具として価値があるのではなく、それ自体のために価値がある（Ibid., p.62）。これを「内在的価値」と呼ぶ（それに対して、何か別の価値あるものを実現するための道具として価値があるときの価値を「道具的価値」と呼ぶ）。また、〈人生の意味〉も**幸福**も、ある人にとっての〈人生の意味〉だったり、ある人にとっての**幸福**だったりする。つまり、それは「誰にとっての？」と尋ねることができ、それに答えることができるものである。こうした価値は「個人的価値（personal value）」と呼ばれる。〈人生の意味〉や**幸福**は誰にとってのものでもないことはありえない（Ibid., pp.62–63）。

さらに、メッツによれば、両者は「より意味がある」「より快楽がある」など比較級や程度を認め、ある人と別の人の〈人生の意味〉や**幸福**を比較したり、足し合わせて考えたりすることもできる（Ibid., p.63）。

さらに、**幸福**の反対（対義語）は不幸である。メッツは、言葉では〈人生の意味〉の反対を指す対義語は少なくとも英語にはないが、それでも考えることはできると言う（Ibid., pp.63–64）。日本語で言えば、「人生の無意味さ」がそれにあたるかもしれない。

メッツは、こうした共通点があるにもかかわらず、〈人生の意味〉と**幸福**には六つの違いがあることを指摘する。順番に見ていこう。

第一に、**幸福**は感覚を通して感じられるものである一方で、人生の意味は感じられるというよりは、特定の行為を通して見出すものである（Ibid., pp.65–66）。**幸福**の場合、それは快いと感じられるだろう。人生の意味の場合、たとえば、芸術作品を制作する創造的な行為や人を助ける道徳的な行為を通して私たちは人生の意味を見出す。このように**幸福**と人生の意味で通すものが違う。これを専門用語で「担い手（bearer）」と呼ぶ。**幸福**の担い手は感覚だが、人生の意味の担い手は行為である。メッツはまた特定の態度をもつだけではそれを通して人生の意味を見出さないと言う（Ibid.）。たとえば、人を助けようという態度をもっても実際に助けないのであれば、私たちはそこに人生の意味を見出さないだろう。態度は人生の意味の担い手になりえないのだ。

第二に、**幸福**の場合、快い感じを与えているのは、まさにその感覚であって、その感覚を引き起こす原因やその感覚によって引き起こされる結果ではない（Ibid., pp.66–68）。ところが、人生の意味の場合、特定の行為を通してそれは見出されるものの、人生の意味を与えているのは、その行為そのものでなく、その行為を引き起こす原因やその行為によって引き起こされる結果である。たとえば、創造的な行為そのものが人生に意味を与えるわけでなく、その結果制作される芸術作品が人生に意味を与える。実際、創造的な行為がなされてもその結果芸術作品が生み出されないのであれば、創造的な行為がなされその結果芸術作品が生み出される行為ほど人生の意味を見出さないだろう（Ibid., p.68）。メッツはこの違いを「源泉（source）」の違いと呼んでいる。

第三に、〈人生の意味〉と**幸福**では、私たちにコントロールできない運というものがそれらに与える影響が違ってくる（Ibid., pp.68–69）。**幸福**の場合、運がそれに与える影響は大きい。たとえば、今日が曇りの日だから快いと感じない人もいるだろう。その人は「不運」だ。他方で、人生の意味の場合、運がそれに与える影響は限られてくる。たとえば、今日が曇りの日だとしても芸術作品の制作に見出す人生の意味は変わらないだろう。

第四に、〈人生の意味〉と**幸福**では、それぞれに応じた適切な感情が異なる（Ibid., pp.69–70）。人生がより意味をもった時、それにふさわしい感情は何か。意味ある人生を過ごす人に対して、私たちはしばしば尊敬の感情をもつ。また、そうした人生を自分が生きるとき、自尊心や誇りをもつことになる。だが、**幸福**にこうした感情をあてはめるのは奇妙だろう。**幸福**な人を見て私たちの抱く感情は憧れだろうか。メッツによれば、自分が**幸福**である時、「それが続いてほしい」という感情をもつのが適切だという（Ibid., p.69）。

第五に、〈人生の意味〉と**幸福**では、それが与えられるタイミングが違う（Ibid., p.70)。**幸福**はあくまで本人が生きている限りにおいて得られるものである（そうでないという考えを後述する)。他方、人生の意味は死後も与えられたり高められたりしうる。たとえば、生前に作品が評価されなかった画家ゴッホの人生の意味は死後にその作品が評価されより高められた、メッツはそう言う（Ibid.)。

第六に、**幸福**は「未来へのバイアス」というものをもつが、人生の意味はそれをもたないとされる（Ibid., pp.70–73)。英国の哲学者デレク・パーフィットは次のような思考実験を行う（Parfit 1984, pp.165–166 邦訳二三四頁)。あなたが記憶喪失で、昨日激しい痛みを経験した人か、明日それほどではないがある程度の痛みを経験する人かどちらかわからないとしよう。あなたはどちらになりたいと欲するだろうか。パーフィットによれば、あなたは前者を選ぶだろう。これが「未来へのバイアス」である。メッツによれば、このバイアスは苦痛だけでなく快楽や**幸福**でも言える。私たちは昨日大きな快楽や**幸福**を経験した人よりも明日わずかだが快楽や**幸福**を経験する人であることを選好する。人生の意味に対して私たちはこうしたバイアスをもたない。昨日大きな意味のある人生を送った人か、明日それほどではないがある程度の意味のある人生を送る人かどちらかわからないとしよう。後者を選ぶ人もいれば前者を選ぶ人もいるだろう。

メッツは以上の六つの差異から、〈人生の意味〉は**幸福**とは概念上区別されるはずだと主張する（Ibid., p.73)。

郵便はがき

料金受取人払郵便

神田局
承認

7173

差出有効期間
2024年11月30
日まで
（切手不要）

101-8791

535

千代田区外神田
二丁目十八―六

春秋社

愛読者カード係

＊お送りいただいた個人情報は、書籍の発送および小社のマーケティングに利用させていただきます。

(フリガナ) お名前	歳	ご職業
ご住所 〒		
E-mail 小社より、新刊／重版情報、「web 春秋 はるとあき」更新のお知らせ、イベント情報などをメールマガジンにてお届けいたします。	電話	

※新規注文書（本を新たに注文する場合のみご記入下さい。）

ご注文方法　□**書店で受け取り**　□**直送(代金先払い)** 担当よりご連絡いたします。

書店名	地区	書名		冊
				冊

ご購読ありがとうございます。このカードは、小社の今後の出版企画および読者の皆様とのご連絡に役立てたいと思いますので、ご記入の上お送り下さい。

〈書　名〉※必ずご記入下さい

●お買い上げ書店名(　　　　　地区　　　　　　　　書店　)

●本書に関するご感想、小社刊行物についてのご意見

※上記をホームページなどでご紹介させていただく場合があります。(諾・否)

●ご利用メディア	●本書を何でお知りになりましたか	●お買い求めになった動機
新聞 (　　　　)	1. 書店で見て	1. 著者のファン
SNS (　　　　)	2. 新聞の広告で	2. テーマにひかれて
その他	(1)朝日 (2)読売 (3)日経 (4)その他	3. 装丁が良い
メディア名	3. 書評で (　　　　紙・誌)	4. 帯の文章を読んで
(　　　　)	4. 人にすすめられて	5. その他
	5. その他	(　　　　)

●内容	●定価	●装丁
□満足　□不満足	□安い　□高い	□良い　□悪い

●最近読んで面白かった本　(著者)　　　　(出版社)

(書名)

㈱春秋社　電話 03-3255-9611　FAX 03-3253-1384　振替 00180-6-24861
E-mail : info-shunjusha@shunjusha.co.jp

メッツだけではない。米国の哲学者クリストファー・ウッダードが指摘するように、最近の分析哲学では、〈人生の意味〉が幸福とは概念上区別される内在的価値であることが共通認識になっている（Woodard, 2017）。だが、本当に両者は区別されるのだろうか。

ここでは、メッツが「幸福」を私たちが幸福であると思える心の状態（快楽）に限定して考えていたことに注目したい。メッツはこの議論で快楽こそ幸福だという考え方（快楽説）を前提にしている。だが、そうでない考え方ももちろんある（ところで「幸福」という日本語は日常では主観的な幸福（快楽）を指して用いられることが多い。そこで、哲学では主観的な幸福観だけでなく客観的な幸福観も含め「福利（well-being）」という専門用語を「幸福」の代わりに使うこともある。以下、わかりやすさのため「幸福」という日常用語を引き続き使うが、「福利」に置き換えても構わない）。

第三節　幸福に関する様々な考え方

幸福に関して実に様々な考え方が提案されてきた。それでも、それらを三つくらいに大別することができる。快楽説、欲求充足説、客観的リスト説だ（Parfit, 1984／安藤、二〇〇七／森村、二〇一八）。順に見ていこう。

■快楽説

快楽説（hedonism）とは、私たちが幸福であると感じる心の状態（快楽）こそ幸福だとする考え方である。快楽とは快いという感じや感覚である（こうした快楽説を「感覚的快楽説」と呼んだりする）。

快楽説は歴史をさかのぼれば、キュレネ学派のアリスティッポスやエピクロス学派のエピクロスなど古代ギリシャの哲学者たちが採った立場である。近代の英国でベンサムやミルといった功利主義者によっても支持された。

快楽説にとって問題は、たとえばアイスクリームを食べる時の「快楽」（快いという感じや感覚）と温泉に入る時の「快楽」（快いという感じや感覚）に共通の何かなどあるか、というものだ。快楽説の支持者には共通した感じ（hedonic tone）があると言い張る論者もいるが、内省として確かめられるわけでも科学的な証拠があるわけでもなく、現在支持されているとは言い難い。

そこで、幸福であると感じる心の状態（快楽）は快いという感覚でなく、一種の態度だと主張する論者もいる（Feldman, 2004）。こうした論者によれば、共通しているのは感覚でなく、アイスクリームを食べることと温泉に入ることを楽しむことという私たちの態度だという（こうした快楽説を「態度的快楽説（attitudinal pleasure theory）」と呼んだりする）。

快楽が感じや感覚なのか、態度なのか、快楽説の支持者のなかでも依然論争が続いているが、いずれの快楽説も直面する大きな問題がある。それが前節での「経験機械」の思考実験である。

経験機械によって快い感じが得られるとき、あるいは楽しむという態度をもつとき、それは偽物の経験であって、幸福だとは言えないだろう。それでも快楽説はそれを「幸福」だと言い張ることになる。

快楽説の支持者の中には、〈本物の快楽〉だけを幸福だとして、この問題を克服しようとする論者もいる（Sumner, 1996）。だが、本物とは何だろうか。

この問いは快楽説からそうでない立場への変更を促すだろう。快楽説とはある種の心の状態こそ幸福だとする立場だった。それは非常に主観的な幸福観である。欲求充足説や客観的リスト説によれば、幸福とはより客観的なものだという。

■欲求充足説

欲求充足説（desire satisfaction theory）とは、欲求が満たされること（「充足」と呼ばれる）こそ幸福だとする考え方である。私たちが欲することは「アイスクリームを食べたい」「温泉に入りたい」など、さまざまにあるだろう。いずれにせよ、その欲求の充足がその人にとっての幸福だとされる。

欲求充足と似た考え方で、選好充足（preference satisfaction）というものがある。選好充足という考え方は主に経済学の中で発展してきた。その後、二〇世紀の功利主義者R・M・ヘアなどによって採用される。欲求充足と選好充足を区別する論者もいるが、ここでは同じ意味で使う。

幸福に関して快楽説を採るか欲求充足説を採るかは実践上それほど問題ではない。なぜなら、欲求が充足される時、大抵の場合、快楽が伴うからだ。だが、両者で食い違うケースが生じる。たとえば、快楽説は生きているあいだでしか幸福が生じることを認めないが、欲求充足説はある人の死後にその人の幸福度が増すことを認める。死後にその人の生前の欲求が充足されることもあるからだ。画家のゴッホが「有名になりたい」と生前欲していて、それが彼の死後充足された場合、私たちはゴッホがより幸福になったと考えるだろうか。私たちのあいだでも意見は分かれるだろう。

欲求充足説を採用する利点は、快楽説が直面していた経験機械の問題を回避することができる点である。欲求充足説はこの問題に対して次のように答える。経験機械によって人工的に作られた経験においてまったく同じ快楽であっても、それと同時に、私たちの欲求が現実に充足されたわけではない。それはあたかも充足されたかのように感じられるだろうが、現実にその欲求充足は起こったわけではないのだ。

つまり、欲求充足説によれば、欲求という心の状態を幸福の要素に加え、その欲求が充足されるという、私たちの心の状態から独立した「客観的」要素から幸福は成り立っているとする。

欲求充足説であっても問題がないわけではない。どんな欲求の充足も幸福にしてしまってよいかと言えば、そんなことはないからだ。たとえば、覚醒剤を使用したいという欲求の充足を幸福としてよいか。本人にとってそれはよいことではないだろう。

次のような例もある。ソポクレスの戯曲『オイディプス王』で主人公オイディプスはまさか自分の母親だと知らずイオカステと結婚したいと思った。自分の母親と結婚したいなどとは思ってはいないのだ。オイディプスがイオカステと結婚したとき、彼の欲求は充足されたが、彼は幸福になっていないだろう（安藤、二〇〇七、一三八頁）。

この問題に対して、欲求充足説の支持者の多くは、幸福にカウントされる欲求充足を何らかの形で制限しようとする。たとえば、あなたが関連する十分な情報をもつならば抱くだろう欲求の充足に限るのであれば、覚醒剤を使用したいという欲求やイオカステと結婚したいという欲求は排除できるだろう。

また、欲求の内容を制限する論者もいる。たとえば、道徳的な欲求の充足しか幸福だとカウントしない。

要するに、望ましい（欲する／望む（desire）価値がある）ものだけに制限しようという提案だ。ところで、次の疑問が生じないだろうか。これは、望むからこそ望ましい（幸福である）のでなく、望ましい（幸福である）からこそ望むにすぎないのではないかと。望ましさ（幸福）は、私たちが望むこととは独立に客観的に決まっていることを示していないだろうか。この疑問は次の立場を示唆する。

■客観的リスト説

客観的リスト説とは、快楽説や欲求充足説とは違い、私たちの心の状態がどうかにかかわらず、客観的な要素のみから幸福は構成されるとする考え方である。客観的要素のリストは論者によって違う。

たとえば、オーストラリアの法学者・法哲学者ジョン・フィニスはそうした客観的要素として、健康、知識、遊び、美的経験、社交性（友情）、実践理性、宗教（神聖性）をリストアップしている（Finnis, 1980, pp.64–69）。

パーフィットは道徳的善、理性的活動、能力の発達、子をもつこととよい親であること、知識、本当の美しさへの気づきを挙げている（Parfit, 1984, p.499 邦訳六七五頁）（ただし、彼は客観的リスト説を支持していない）。

米国の哲学者マーサ・ヌスバウムは生命、身体の健康、身体の統合性、感覚・想像力・思考、感情、実践理性、連帯、他の生物種との共生、遊び、自らの政治的・物質的環境のコントロールをリストアップしている（Nussbaum, 1999, pp.41–42/Nussbaum, 2000, pp.78–80 邦訳九二～九五頁）。ただし、ヌスバウムはこれらが現代の私たちにとってのケイパビリティ（私たちが実際に何をなすことができ、どのような状態になれるかを示すもの）であること、そして常に熟考し問い直されるべきものであることに注意している。

客観的リスト説は快楽説が直面した経験機械の問題に直面しない。そもそも快楽という心の状態は幸福を構成しないからだ。その快楽を経験機械が人工的に作り出したかどうかは関係ない。客観的リスト説はまた欲求充足説が直面した覚醒剤を使いたいという欲求やイオカステと結婚したいという欲求の問題にも直面しない。そもそも、そうした欲求の充足はリストに含まれないからだ。

だが、客観的リスト説にも問題はある。まず、なぜ上記の要素が幸福を構成するリストに入っているかの説明が必要である。それが与えられないかぎり、幸福とは何かを説明したことにはならない(Sumner, 1996, p.45)。実際、フィニスは彼が挙げる幸福の構成要素は自明なものだと述べ、それ以上の説明を提示していない(Finnis, 1980, p.64)。

一方で、ヌスバウムは、インドで虐げられている女性たちの人生を例に、上記の要素が十分に人間らしい人生を過ごすための中心的なケイパビリティであり、憲法上の保障に具体化される政治原理の支柱を成すものだと説明している(Nussbaum, 2000, p.74 邦訳八八頁)。

また、読者は「これが幸福だ」と勝手に言われて、その主張に傲慢さを感じないだろうか。パーフィットが挙げる「子をもつこと」ができない夫婦は幸福でないとでも言うのだろうか。客観的リスト説は、当人の気持ちに関係なく当人にとって「これが幸福だ」と決めつけてしまう問題(「パターナリズムの問題」と呼ばれる)を抱える(安藤、二〇〇七、二一六頁)。フィニスやヌスバウムら客観的リスト説の論者は自分自身で決めることができること(つまり「実践理性」)をリストの項目に入れることでこの問題に(その場しのぎの(*ad hoc*)仕方ではあるが)対処している（ヌスバウムはまた、これらがあくまでケイパビリティ（できること）であってそうするように強制しているわけでないことを強調する）。

第四節　人生の意味と客観的な幸福観

前節では幸福に関する三つの代表的な考え方を見てきた。それをふまえ、第一節を振り返ってみると、メッツの幸福観が主観的な幸福観（快楽説）であることが分かるだろう。より客観的な幸福観のもとでは、〈人生の意味〉との違いはなくなるかもしれない。実際、そうであることを以下で示していきたい。

メッツは〈人生の意味〉と主観的な幸福（快楽）を担い手、源泉、運、感情、タイミング、バイアスの六つの点で対比していた。メッツは主観的な幸福（快楽）を感覚を通して快いと感じられるものだと理解していた（感覚的快楽と呼ぶ）。前節で紹介したようにそれを「楽しむ」という態度を通して理解することもできるだろう（態度的快楽と呼ぶ）。だが、幸福をそう理解したとしても、その理解での幸福と人生の意味との違いは目立つ。メッツが述べたように、特定の態度をもつだけではそこに人生の意味は見出されないからだ。

そこで、〈人生の意味〉と、より客観的な幸福を、担い手、源泉、運、適切な感情、タイミング、バイアスの六つの点で対比してみよう。まず欲求充足説から考えてみよう。

第一に、担い手はどうか。欲求充足の場合、幸福は欲求という心の状態を通して感じられるものだという考えもあれば、それを充足するという（人生の意味と同様に）行為を通して見出すものだという考えもある。あるいはその両方だという考えもあるだろう。

第二に、源泉はどうか。快楽説の場合、快い感じを与えているのは、まさにその感覚であり、その感覚を引き起こす原因やその感覚によって引き起こされる結果ではなかった。欲求充足説の場合、幸福が欲求という心の状態を通して感じられるものだという考え方が正しければ、幸福を与えているのは、欲求という心の状態そのものでなく、それによって引き起こされる充足という結果だろう。この場合、人生の意味と同様に、単に欲しているだけで充足されないのであれば、そこに幸福を見出すことはできないはずだ。

第三に、運の影響はどうか。欲求は快楽と比べて、私たちのコントロール下にあることに注意したい。その分、運が与える影響は限られてくるだろう。だが、それが充足されるかどうかは運の影響が大きい。この点で人生の意味との違いは消えていない。

第四に、適切な感情はどうだろうか。それは何を欲するかに依る。もし、より意味ある人生を欲し、それが充足した場合、本人にとっては自尊心や誇り、周りの人にとっては尊敬という感情が適切になるだろう。メッツが主観的幸福に対して挙げていた「それが続いてほしい」という感情は欲求充足にはふさわしくない。欲求が充足されれば、その欲求が続いてほしいとは思わないからだ。たとえば、おいしいものが食べたいという欲求がおいしい物を食べることで充足されれば、おいしいものが食べたいという欲求が続いてほしいとは思わないだろう。

第五に、タイミングはどうか。欲求充足としての幸福は人生の意味と同様、死後にも高められうる。

第六に、未来へのバイアスはどうか。昨日強く欲したことを充足した人か、明日ささいなことだが欲したことを充足する人か。私たちはどちらの人になりたいと選ぶだろうか。少なくとも私には確定できない。人生の意味と同様、未来へのバイアスはなさそうだ。

このように見ると、欲求充足説では、メッツが前提にしていた快楽説よりも、幸福と〈人生の意味〉の違いはなくなっている。

では、客観的リスト説では、幸福と〈人生の意味〉の違いは出るだろうか。それはリストの中身によるだろう。以下では、既に挙げたフィニス、パーフィット、ヌスバウムのリストで検討していく。

ある客観的要素がなぜ幸福を構成するリストに入っているかと言えば、その人の人生に意味を与えるからという説明がありうる。実際、ヌスバウムは、彼女が幸福の構成要素の一つに挙げている「感覚・想像力・思考」について「自分自身のやり方で人生の究極の意味を追求できること」を含めている（Nussbaum, 2000, p.79 邦訳九三頁）。ヌスバウムにとって各構成要素は「複雑な形で連関する」ので、この「人生の意味」の要素から他の要素とのつながりについて説明を与えることもできるだろう（Ibid., p.81 邦訳九五頁）。こうした説明ができるかぎり、幸福と

〈人生の意味〉の違いはなくなるはずだ。実際にそうなるか、再び六つの観点から確認していく。

まず、担い手は心の状態などでなく、人生の意味と同様に、特定の行為になりうる。実際、フィニスやヌスバウムが挙げる幸福の構成要素（健康、知識、遊び、美的経験、社交性（友情）、実践理性、宗教（神聖性）、生命、身体の健康、身体の統合性、感覚・想像力・思考、感情、承認、他の生物種との共生、自らの政治的・物質的環境の統御）のほとんどが行為で理解されうる。

また客観的リスト説では、源泉は行為そのものでなく、その行為の原因や結果になる。だからこそ「客観的」なのだ。「客観的」だからこそ運の影響は制限的になる。たとえば、今日が曇りの日であれば、あなたが主観的には幸福であるかそれに左右されるかもしれないが、あなたが客観的に幸福であるかはそれに左右されないだろう。これらの点も人生の意味と同様だ。

適切な感情は自尊心・誇りや尊敬だった。ヌスバウムは幸福の構成要素に「感情」を挙げているが、それは「愛情を持てること」であり、自尊心・誇りや尊敬ではない（Nussbaum 2000, p.79 邦訳九三頁）。だが、ヌスバウムはまた、幸福の構成要素に「連帯」を挙げ、「自尊心を持ち屈辱を受けることのない社会的基盤を持つこと。他の人々と等しい価値を持つ尊厳のある存在として扱われること」だと説明している（Ibid., 邦訳九四頁）。ヌスバウムが憲法上の保障として守ろうとしているのが、虐げられたインドの女性たちの自尊心と周囲からの尊敬であることを思い出してほしい。

タイミングはどうだろうか。フィニスもヌスバウムも当人の生きているあいだの幸福を念頭に置き、その構成要素を挙げているように思える。だが、そのタイミングに限る必要はないだろう。たとえば、「連帯」は先祖や子孫など世代を超えて築くことができるものである。

未来へのバイアスはどうだろうか。フィニスやヌスバウムが挙げる幸福の構成要素についてはそれらが過去得られたことを望む人もいれば、将来得られるだろうことを望む人もいるだろう。人生の意味と同様に未来へのバイアスはない。

以上のように、客観的リスト説では、リストの中身によっては、欲求充足説よりもいっそう幸福と〈人生の意味〉の違いはなくなっている。実際、メッツがより意味のある人生の一つとして挙げる科学者の生き方はフィニスが挙げていた「知識」に当たるだろうし、道徳家の生き方や芸術家の生き方はそれぞれパーフィットが挙げていた「道徳的善」や「本当の美しさへの気づき」に当たるだろう（メッツはこれらを実践理性の行使としてまとめている。「実践理性」はフィニスやヌスバウムも挙げていた）。

さらに、前節で明らかにしたように、ヌスバウムは彼女の挙げた構成要素に人生の意味によって統一的な説明を与えていると解釈することもできる。

第五節　おわりに代えて

幸福と〈人生の意味〉の関係は思った以上に複雑であることはわかるだろう。以上の議論は少なくとも、人生の意味を検討する際に、より客観的な幸福観を考慮する必要性を示している。第一節では、〈不幸だけど意味のある人生〉や〈幸福だけど意味のない人生〉の具体例を挙げた。それは〈主観的には不幸だが客観的には幸福な人生〉や〈主観的には幸福だが客観的には幸福でない人生〉の例として捉え直すこともできるだろう。

【参考文献】


青山拓央（二〇一六）『幸福はなぜ哲学の問題になるのか』太田出版。

安藤馨（二〇〇七）『統治と功利──功利主義リベラリズムの擁護』勁草書房。

伊集院利明（二〇二一）『生の有意味性の哲学──第三の価値を追求する』晃洋書房。

成田和信（二〇二一）『幸福をめぐる哲学──「大切に思う」ことへと向かって』勁草書房。

森村進（二〇一八）『幸福とは何か──思考実験で学ぶ倫理学入門』筑摩書房。

山口尚（二〇一九）『幸福と人生の意味の哲学──なぜ私たちは生きていかねばならないのか』トランスビュー。

Feldman, Fred (2004) *Pleasure and the Good Life: Concerning the Nature, Varieties, and Plausibility of Hedonism*, Clarendon Press.

Finnis, John（1980）*Natural Law and Natural Rights*, Oxford University Press.
Foot, Phillippa（2001）*Natural Goodness*, Oxford University Press.〔邦訳：フィリッパ・フット著、高橋久一郎監訳、河田健太郎・立花幸司・壁谷彰慶訳『人間にとって善とは何か──徳倫理学入門』筑摩書房、二〇一四年。〕
Jenkins, Carrie（2020）“Love isn’t about happiness. It’s about understanding and inspiration”, *The New Statesman, 21 April 2020*. https://www.newstatesman.com/culture/2020/04/love-happiness-life-goals-wellbeing-eudaimonic（二〇二三年一一月一七日閲覧。）
Metz, Thaddeus（2013）*Meaning in Life: An Analytic Study*, Oxford University Press.
Metz, Thaddeus（2020）“Why Sisyphus comes to mind in my daily struggles against coronavirus”, *The Conversation, April 16, 2020*. https://theconversation.com/why-sisyphus-comes-to-mind-in-my-daily-struggles-against-coronavirus–136055（二〇二三年一一月一七日閲覧。）
Mill, John Stewart（1873）*Autobiography*, John Robson（ed.）Collected Works, Vol.XXXI. University of Toronto Press.〔邦訳：J・S・ミル著、朱牟田夏雄訳『ミル自伝』岩波文庫、一九六〇年。〕
Nozick, Robert（1974）*Anarchy, State, and Utopia*, Basic Books.〔邦訳：ロバート・ノージック著、嶋津格訳『アナーキー・国家・ユートピア──国家の正当性とその限界』木鐸社、一九九四年。〕

Nussbaum, Martha C. (1999) *Sex and Social Justice*, Oxford University Press.
Nussbaum, Martha C. (2000) *Women and Human Development: The Capabilities Approach*, Cambridge University Press.〔邦訳：マーサ・C・ヌスバウム著、池本幸生・田口さつき・坪井ひろみ訳『女性と人間開発――潜在能力アプローチ』岩波書店、二〇〇五年。〕
Parfit, Derek (1984) *Reasons and Persons*, Oxford: Clarendon Press.〔邦訳：デレク・パーフィット著、森村進訳『理由と人格――非人格性の倫理へ』勁草書房、一九九八年。〕
Sumner, L. W. (1996) *Welfare, Happiness, and Ethics*, Oxford University Press.
Woodard, Christopher (2017) "What Good is Meaning in Life", *De Ethica*, 4 (3), pp.67–79.

【読書案内】

●森村進（二〇一八）『幸福とは何か――思考実験で学ぶ倫理学入門』筑摩書房。

幸福に関する三つの考え方についてコンパクトに論じられている。この本を読んだ後に、三つの考え方の優劣を論じるスタイルをいっそう突き詰めたものとして安藤（二〇〇七）や成田（二〇二一）を、優劣を競うこのスタイルに疑問を投げかけるものとして青山（二〇一六）、山口（二〇一九）をそれぞれ読み比べてみるとよいだろう。

第六章　人生が無意味なら生まれてこないほうが良いだろうか
――反出生主義と人生の意味

吉沢文武

第一節　はじめに

どんな人生も苦しいことばかりだから、新たに人を生み出すことは道徳的に許されない。こうした考えは「反出生主義（anti-natalism）」と呼ばれる。反出生主義は、様々な根拠に基づいて主張されてきたが、大まかに言えば「人の誕生によるネガティブな影響を防ぐために生殖を避けるべきだ」という理屈を共有している。人生の意味についても、同じ発想で、「無意味な生の開始を防ぐために生殖を避けるべきだ」と言えそうに思えるかもしれない。本章で論じるのは、人生の意味という概念がもつ特徴に照らすと、この発想にはやや無理がありそうだ、ということである。

第二節　反出生主義

反出生主義は、子供をもうけることは道徳的に許されないという主張である。そんなことを言えば、新たに人間が生まれなくなって人類は滅びてしまうではないか、そんな主張は受けいれられない、と思う人もいるだろう。だが、まさにそんな主張が反出生主義なのである。そして、その主張を認めないことのほうが間違いであって、きちんと検討すれば、反出生主義こそが正しいのだと論じられているのである。

反出生主義は、子供をもうけることは原則的に許されないとか、どんな場合でも常に許されないとかというように、様々な程度で主張される。（本章で見る反出生主義のなかには、じつのところ、人類は滅びるべきという帰結までは導かない立場も含まれる。）ただし、程度が様々とはいえ、「子供をもうけることは道徳的に許されない場合もある」というだけでは、反出生主義とは見なせない。一つの目安として、社会のなかで現状是認されているよりも広い範囲の生殖に反対するなら、その主張を「反出生主義」と呼ぶ意味はあるだろう。重要なのは、何を反出生主義的と見なすべきかが相対的な事柄だという点である。つまり、自身や他人の考えを「反出生主義」と捉えるさいには、どんな範囲の「出生」に「反」対しているのかをはっきりさせる必要がある。

加えて、個人的な思いの率直な表明や人生計画を反出生「主義」と呼ぶのは――そうしたものに他者と共有可能な根拠は要求されないのだから――誤解を招く。「私は子供のいる生活を望んでいないから」は、反出生主義の根拠にはならない。同じ理由で、「私は生まれてきて良かったから」も、反出生主義に反対する根拠にはならない。もちろん、必要最小限の家財で暮らす生活スタイルを指す「ミニマリズム」などにも「主義（イズム）」は使われるが、反出生主義は、一般性をもつ主義である。つまり、当の主張を支える根拠が当てはまる限りは、自分だけでなく、他人の生殖の選択に対する是非の評価がどうしても伴う。たとえば、「たいていの人生にはつらいことのほうが多いから」は、それが本当に事実なら、自分だけでなく他人がもつことになる子供にも当てはまる。そのため、「たいてい」の範囲の出生に反対する主義の根拠になりうる。生殖に対する否定的な思いをあくまで個人の考えに留めるのなら、「チャイルド・フリー」という別の名前があるし、当然その考えは、個人の自由として尊重されるべきである。

現代の反出生主義は、南アフリカの哲学者デイヴィッド・ベネターが提唱したことで、注目を集めることになった。ベネターは、手を替え品を替え、反出生主義が正しいと示そうとしてきた。その論証は、少なくとも七タイプに区別できる。本章では、それらを整理したうえで、そこに、人生の無意味さを根拠に反出生主義を主張する「無意味さ論証」と言えるものが加わりうるかを検討する。

なお、誤解のないよう述べておくと、以下で、「子供をもうけない」とか「人生を開始させない」とかという表現を用いるときは、避妊をしたり、生殖行為を差し控えたりすることを意味している。人工妊娠中絶の倫理的是非は、反出生主義とは独立の論点を多く含むので、ここでは論じない。

第三節　反出生主義の論証

(1) 非対称性論証 (asymmetry argument)

「幸せになりたいわけではないけれど、不幸にはなりたくない。」自分自身はこう考えないという人でも、こう考える人はいそうだとは思えるのではないだろうか。幸せ（ポジティブ）になりたい（ポジティブ）し、不幸（ネガティブ）になりたくない（ネガティブ）なら対称的になるところが、この考え方は、「幸せ（ポジティブ）」には「なりたいわけではない（ニュートラル）」を結びつけている。こうした非対称的な考え方を、新たに生まれてくる子供に当てはめて徹底すると反出生主義が導かれるというのが、「非対称性論証」である。ベネターは、その「徹底」のための原理を考え出した。それは多くの批判も多くの誤解も生み出してきたので、少し詳しく説明しよう。

人が生まれると、開始した人生のなかでは、苦しかったり計画が頓挫したり、楽しかったり願いが叶ったり、様々な種類の不幸と幸せが生じる（ベネターは、害悪（harm）と利益（benefit）

という表現を好んで用いる)。他方で、人生が開始しなければ、当然、不幸も幸せも生じない。ベネターによれば、人生が開始した場合の不幸と幸せは、人生が開始しない場合と比較するさいには、次のように、非対称的に評価するのが適切である(Benatar, 2006, pp.30–31〔邦訳書三九〜四〇頁〕)。まず、不幸なことが起こるのは悪く、起こらないのは良い。そのため、不幸の悪さは、起こらないことの良さと比較して、本当の意味で劣悪である。他方、幸せなことが起こるのは良いが、幸せが生じないのは悪いわけではない(つまり、幸せが生じないことが「悪い」なら不幸の有無を評価する仕方と対称的だが、そうなっていない)。そのため、幸せの良さは、本当の意味で勝るわけではない。まとめると、誕生する場合としない場合とを比較するなら、〈不幸は劣り幸せは勝らない〉ということになる。

人生に含まれる不幸と幸せの量は、個々の人生で異なる。とはいえ、どんな人生にも、事実として、何かしら不幸が含まれる。いま見たように〈不幸は劣り幸せは勝らない〉のなら、「人生には幸せなことがたくさんあるから、誕生することが当人にとって悪いとは限らない」という意見は的外れなものになる。どれだけ幸せがあっても、生まれないことと比較したとき、人生には勝る部分などない。そして、不幸が一つでも含まれれば、どんな人生も、劣る部分ばかりということになる。それゆえ、生まれてくることは常に——現実にはどんな人生も——生まれないことより劣る。その意味で〈生まれることは常に害悪〉だ、とベネターは主張する(Benatar, 2006, pp.28–29〔邦訳書三七頁〕)。

ここまでの結論は、誕生が害悪だという、生まれてくる人の幸福への影響についての主張である。ここからさらに、そうした害悪をもたらす生殖が道徳的に不正だ、という主張に進んで初めて反出生主義になる。ベネターによれば、そうした道徳的不正さは、絶対的なものというわけではない。というのも、子供の誕生が、親や親以外の人々の利益になる場合、誕生の害悪を避けるべきだと判断する理由が、一定程度弱くなることもありうるからである(Benatar, 2015a, p.38, n.6)。そのため、親になりうる人々に課される道徳的責務は〈誕生の害悪の道徳的不正さを打ち消す要素が十分にない限りは、子供をもうけるべきでない〉というものになる。

さて、不幸と幸せの非対称性を徹底すると、若干の限定つきとは言え、子供をもうけるべきでないという主張が導かれてしまった。ベネターの論証には哲学者たちから激しく異論が唱えられてきたが、一番の問題は、不幸と幸せを非対称的に評価する原理そのものにある。そう、そもそもなぜそのような原理を受けいれるべきなのか。ベネターは、その原理を認めると、イギリスの哲学者デレク・パーフィットがまとめた人口倫理の難問――生殖の非対称性、非同一性問題、いとわしい結論、単純追加の問題――を説明・解決できると主張する(これらの問題は答えるのが難しいだけでなく、簡潔に紹介するのも難しいので、関心がある人はParfit, 1984の第一六～一九章を参照してほしい)。非対称的な価値評価の原理がもつ説明力・解決力に訴えかけるこうした議論は、反出生主義をめぐる哲学的論争の中心になってきた。

（2）生の質論証（quality-of-life argument）

（1）の非対称性論証の肝は、誕生しないこととの比較に基づいて、誕生が害悪だと示す点にあった。ベネターは、ほとんどの人の生の質は、通常思われているよりずっと、内在的にも悪いと論じる。ここで言う「生の質（quality of life）」は、医療や福祉において用いられる「ＱＯＬ」の意味とはやや異なる。生まれてくる人の人生全体の幸福といった意味で理解すればよい。また「内在的に」とは、誕生しないというありえた別の可能性との比較に基づかなくともそれ自体としてという意味である。

この「生の質論証」は、生殖が常に不正だと論じる（1）の非対称性論証とは独立である。だが、間接的に（1）を補強するとも捉えうる。人生に含まれる不幸と幸せの量が、個々の人生で異なるという点を思い出そう。また、子供をもうけるという行為の道徳的評価には、親の幸福など、子供の幸福以外の考慮事項が関わることも思い出してほしい。この第二の論証がうまくいけば、思われているよりもずっと多くの人生について、そうした別の考慮事項では打ち消せないほど、多くの大きな不幸が含まれると主張できるわけである。そうした不幸の代表例としてベネターが挙げるのは、自然災害や飢餓、病気、戦争や暴力による苦痛と死である（Benatar, 2006, pp.88–92〔邦訳書九九〜一〇二頁〕）。

こんなふうに思う人もいるかもしれない。たしかに、人生には苦痛が少なくないし、病気や死も避けられないとしても、ほとんどの人生が悪いものだと言うのはさすがに誇張が過ぎる、と。

しかし、まさに「人生には良いことがたくさんある」とか「生まれてきて幸せな人もいる」とかと思う人に対して、その楽観的評価こそが誤りだと示そうとするのが、この論証なのである。ベネターによれば、私たち自身の幸福の評価は、「ポリアンナ原理」と呼ばれる楽観バイアス（評価の偏り）などの影響で歪められている。「ポリアンナ原理」は心理学の用語であり、アメリカの小説家エレナ・ポーターによる有名な物語にちなんだもので、苦しい境遇の中でも良かったことを探し出す少女の名前に由来する。それはつまり、悪い経験よりも良い経験を思い出しやすく、未来を良いものだと捉えがちな評価の偏りのことである（Benatar, 2006, pp.64–67〔邦訳書七五～七七頁〕）。ベネターによれば、こうした心理的バイアスを差し引いて、私たち自身の実際の有様を冷静に見るなら、人間の生は、本当は非常に悪いというのが正しい評価なのである。

（3）厭人的論証（misanthropic argument）

ここまで見た二つは――さらに後に見る（5）と（6）も――「人間愛に基づく（philanthropic）」と表現できる（Benatar, 2006, pp.223–224〔邦訳書頁二三〇～二三二頁〕）。なぜなら、生まれてくる存在に悪い影響が及ぶことが、誕生する当の人々のことを考えて――誕生する人のために――、誕生を避けるべき根拠とされているからである。ベネターからすれば、不必要な害悪を他者に及ぼさないよう自身の振る舞いに気をつけるという人間愛は、新たに人を生み出すそもそもの選択にも広げてしかるべきなのである。

それらとは対照的に、「厭人的（misanthropic）」と呼べる論証もベネターは提出している。つまり、人間は、他の人々や動物や環境に大きな悪い影響を及ぼす有害な存在なのだから、新たに人間を誕生させるべきでない、というわけである（Benatar, 2015b, p.35）。

付け加えると、ベネターは、人間の誕生が「美しい」ものと見なされることが多い風潮に反対して、美的な観点からも、排泄物などの多くの「醜い」ものを生み出す人間を誕生させるべきでないと述べている（Benatar, 2015b, pp.56–58）。

（4）飢餓救済論証（famine relief argument）

子供を産み育てることには、もちろんお金も資源も必要である。もっと道徳的に好ましい使い方があるというのが、この論証の基本発想である。ベネターは、裕福な人々は、自分の子供を産み育てるためにではなく、貧困を解消するためにその資産を用いるべきだと論じる（Benatar, 2020）。この論証のためにベネターが利用するのは、オーストラリア出身の哲学者ピーター・シンガーが提出した、有名な「援助義務論」（Singer, 1972）である。

シンガーによれば、もし浅い池で溺れる――それゆえ、救出の試みは確実に成功する――子供がいたとして、自分の靴が汚れるといった理由で助けないことは道徳的に許されない。それと同じように、経済的に豊かな人々は、大きな犠牲を払わずに実行できるのならば、世界に起こる飢餓や貧困といった深刻な悪を防ぐ義務がある。じつはシンガーは、人口抑制が飢餓を防ぐ方法として効果的な場合には、そうすべきだと示唆していた（Singer, 1972, p.240〔邦訳書二三～二四頁〕）。本章の冒頭で述べたように、反出生主義に様々な程度の違いがあると考えれば、シンガーの立場はもとより「反出生主義的」と呼べるものだった。だが、ベネターによれば、シンガーの議論からは、本人が認識していたよりも広範囲の——とはいえ、ベネター自身の立場ほどは徹底的でない（Benatar, 2020, p.417）——反出生主義が帰結する。

（5）同意論証（consent-based argument）

「勝手に産んだくせに」や「産んでくれなんて頼んでいない」は、「産んでやった」や「苦労して育てた」といった、恩着せがましい親の言葉に子供が返す常套句である。子供を産み育てることで、子供に利益を与えていると親は言う。対する子供としては、子供なりに大変な「不幸」が生じていると思っている。しかもその原因が、親が自分を産んだことにあると言えそうだ、と思っている。なぜなら、生まれなければそうした不幸は生じなかったのだから。親はたしかに利益を与えてくれているかもしれないが、そのことは——子供の言い分としては——不幸をもたらすという「加害」を正当化する理由にはならない。子供自身がそうして欲しいと同意したのなら別だが、「頼んでいない」のに親が「勝手に」そうしたのだ。だから子供の不幸を取り除く（ましてや負担をさらに増やすことなどしない）責任が親にはある、と言いたいわけである。

同意の不在に訴えかける反出生主義の議論は「同意論証」と呼ばれる。そこで持ち出されるのは、〈たとえ利益を与えるためでも、同意のない他者に対して、小さくない加害を行なうことは許されない〉という道徳原則である。同意なしの加害は、より大きな害を防げる場合といった例外を除けば、基本的には許されない（Singh, 2018, p.1139）。そして、生殖は、この原則に違反するように見える。まず、誕生は生まれる当人に利益をもたらすかもしれないが、人生のなかには、（2）の生の質論証で挙げられるように、病気や怪我など、小さくない害悪が含まれる（Benatar, 2013, p.132）。また、そうした害悪によって、他の大きな害悪を防げるわけでもない（誕生によって防げるものがあるとすれば「非存在」である）。そして、もちろん同意はない。

自分は生まれてきて良かったし、誕生する前に――実際には不可能だが――仮に尋ねられたなら、誕生に同意したはずだし、他の人もよく考えればそう思うはずだ、と言いたい人もいるかもしれない。だが、そうした「仮説的同意（hypothetical consent）」が仮に想定できたとしても、加害が許されるのはやはり、より大きな害を防ぐ状況だけであり、誕生はそれに該当しない（Singh, 2018, section 4）。同意論証の擁護者は、そう論じる。

なお、この論証を評価するさい、「同意のない」の多義性には注意が必要である。生まれる前には、同意を与えられないというより、まだ存在すらしないのだから、そもそも同意能力がない（cf. Weinberg, 2016, pp.137–138）。通常の意味の同意の不在と同意能力の不在とで、同じ道徳原則を適用できるのだろうか。この点には大きな疑問が残る。

（6）リスク論証（risk-based argument）

「めいっぱい弾が込められた銃で、ロシアンルーレットをしている――勿論その標的は、自分自身の頭ではなく将来生まれてくる自分の子どもの頭なのだ」（Benatar, 2006, p.92〔邦訳書一〇二頁〕）。ベネターは二〇〇六年の著書のなかで、そう書いていた。それは、生まれてくる人々に「深刻な害を及ぼす重大なリスク」を負わせることは正当化できない、という主張である（同上）。ベネターは後に、自身への批判に応答するなかで、そのアイデアを明確にしている（Benatar, 2022, section 7）。

この主張の論拠になるのは、〈他人に対して、正当な理由がない場合には、同意なく深刻な害のリスクを課すことは許されない〉という道徳原則である。「正当な理由」とは、より大きな別のリスクを避けられるといった理由である。リスクを負わせることの正当化において「同意」が重要な役割をもつことは、（5）の同意論証で見た通りである。「深刻な害」は、ベネターが（2）の生の質論証において挙げるものである。このリスク論証の特徴は、そこで挙げられる病気などの害悪が、実際に開始した人生において避けられたとしても、そうした害悪を被りうるリスクを負わせることが不正だと主張する点にある。この論証は、リスクの見積もり方によっては、（2）や（5）よりも強力に、私たちの選択に対して道徳的制約を課しうるものになる。

(7) 消極的功利主義 (negative utilitarianism)

(1) の非対称性論証で見た、不幸と幸せの非対称性という発想は、倫理学の主要理論の一つである「功利主義」に組み込むこともできる。功利主義の基本的な考え方によれば、行為の道徳的是非は、その行為の結果として、世界のなかに、どれくらい幸せが増えるか不幸が減るかによって評価される。功利主義にも様々なタイプがあり、「幸せが増える」のは重要でないと見なすものもある。それは「消極的功利主義」と呼ばれ、不幸を最も減らす選択こそが道徳的に正しいと主張する。

消極的功利主義から反出生主義を導き出す理屈は次のようになる。人を誕生させれば、世界のなかには、幸せも不幸も増える。幸せが増えるほうはどうでもよいのだから、子供をもうけることは、世界の不幸を増やす行為でしかない。このことから、人口はゼロになるのが道徳的に最善なのだ、というわけである (Benatar, 2006, p.175〔邦訳書一八三頁〕)。なお、消極的功利主義からは、痛みなく全人類を抹殺可能ならそうすべきだ——死ねば苦痛は生じなくなるのだから——という恐ろしい結論も導かれる (Smart, 1958)。この帰結は、ベネターにとっても受けいれがたいはずである。人々の不幸を減らし、その生を大事にすべきだ、という倫理的考慮を生殖の是非の判断にまで広げようというのが、ベネターが反出生主義を展開してきた狙いだからである。実際ベネターは、死が望ましいということが自身の反出生主義から導かれることを否定している (Benatar, 2006, pp.212–213〔邦訳書二二〇〜二二一頁〕)。

■反出生主義の論証に共通する特徴

さて、(1)から(7)まで、様々な反出生主義の論証を見てきた。学術的な論争状況を見ると、どの論証も、現在のところは、研究者たちの支持を集めているとは言いがたい。しかしながら、哲学の学説の検討は時間がかかるもので、これからも論争は続くだろう。これ以上、各々の論証の是非の検討に立ち入ることはしない。

ここでは、以上の多様な論証にも、共通する単純な特徴があることを確認したい。それは、どの論証も、大まかに言えば、ネガティブなもの――不幸や害悪やそのリスク――を避けるために、人を誕生させるべきでない、という理屈を含むということである。それは、当然と言えば当然の、とても単純な特徴である。付け加えれば、(3)の厭人的論証では、美的観点からネガティブなものを避けるべきだとも主張されていた。子供をもうけるという行為の道徳的是非を計る天秤をイメージすると分かりやすいだろう。天秤の一方の皿には、生殖に賛成する理由が載り、他方の皿には反対の理由が載る。子供をもうけることに伴うネガティブな価値ならば、基本的には、反対の理由の皿に載せることができる。たとえば、(1)の非対称性論証では、生まれてくる子供の不幸は反対の理由の皿に載るが、子供の幸福は賛成の皿には載らない――あるいは、載せたところで重さはゼロだ――と言われている。

天秤は単純なイメージだが、人生の意味と反出生主義の関係の特徴を照らし出しもする。次節で見るように、「人生の無意味さ」については、どうも、反対の理由の皿に載せにくい事情がありそうなのである。

第四節　人生の無意味さと反意味

子供の誕生は、人生の意味にとって、不可欠ではまったくないとしても、大きな影響を与えうる要素だと、おそらく多くの人が思っている。少なくとも、子供をもつ親の側の人生に対しては、そうだと考えられている。では、子供自身の人生に対してはどうか。とくに、開始する人生にもし意味がないとしたら、開始させないほうが良いと言えそうに思われるが、どうだろうか。

そう単純ではない、ということを確認したい。話を分かりやすくするために、人生の意味の度合いを数値で表せると仮定しよう（あくまで分かりやすさのためで、本当に数値で表せると当り前に考えてはいけない）。人生が「有意味」だと言うとき、それは正（ポジティブ）の値を指すと考えることは問題ないだろう。他方で、「無意味」が負（ネガティブ）の値を指すかというと、そうは思われない。人生の意味に関する素直な理解は、「無意味」は「ゼロ」の値を指す、というものである。たとえば、「いつか死ぬなら人生は無意味だ」という考えは、まさに誕生との比較を含みながら、次のように表現される。

あなたが死んだ後のいつかの時点で、おそらくは程なく、あなたは完全に忘れられる。あな

たは、そもそも存在しなかったかのようになるのだ。(Bradley, 2015, p.409)

この一節は、個々人が人生で為したことは他の人々の記憶に長く残りはしない、という事実を述べているだけではない。人生のなかで行なうことの意味が、ここでは問題になっている。人が生まれて死ぬまでの短い時間のあいだに何かを為したとしても、生まれても生まれなくても、意味という点では、価値は等しくゼロなのだ、ということが言われている。こうした考えは、人生の無意味さを嘆くレフ・トルストイの言葉(第九章を参照)のなかにも読み取ることができるだろう。

何をしても無意味だというこうしたニヒリズムの是非自体は、ここでは問わないでおこう。本章で指摘したいのは、次のことである。つまり、もし「無意味」がゼロの値を指すのなら、ニヒリズムからでさえ、生まれないほうが良いという結論は導かれない。人生の意味が最低でもゼロなら、どんな人生も、せいぜい、開始しようとしまいと、どちらでも良いことになるはずだから。これが意味と誕生についての正しい捉え方なのだとすれば、人生が無意味であるとしても、そのことは反出生主義の根拠にはならない。

■意味と反意味

以上の話は、「無意味」がゼロの値を指すと前提したうえで成り立つ。この前提を疑う議論もある。それは、人生を意味あるものにする要素に対して、それを損なう逆の要素が存在するかをめぐる議論である。そうした逆の要素は「反意味（anti-meaning）」や「負の重要さ（anti-matter）」（Metz, 2013, p.64）とも呼ばれる。

たとえば、ある人物が、仕事を通じて立派な社会貢献を行なっているとする。そのことは、その人物の人生を意味あるものにする要素だと言えよう。その要素の価値を数値で表すなら、正の値になるだろう。しかし、その人物が、家に帰ると自身の子供には酷く冷たく接しているとすればどうか。そのことは、その人物がどんなに立派な活動をしていても、その人生の意味を損なう「負」の要素だと言いたくなる。そのような要素が「反意味」と呼ばれている。話を続けよう。この人物が、子供に対する態度をもっと激しく酷いものにしていったとする。負の要素は非常に大きく、正の要素を打ち消して余りあるほど大きい。そのとき、この人物の人生全体の意味の値はゼロで止まるだろうか。ゼロでは止まらずに、負の値にまでなる――つまり、人生全体が反意味をもつ――だろうか。哲学者たちの意見が大きく分かれるのは、この点である。

負の要素が非常に大きなこのような人物の人生について――もちろん、そう評価することが適切だと仮定すればだが――、私たちは「無意味」だと形容する。だが、この「無意味」という表現は、いま見たように、ゼロの値を指すのか、負の値をも指しうるのか、理論的によく考えてみれば、二つの可能性があるわけである。つまり、「無意味」だと見なされる人生にも、単に意味を欠くものと、意味を欠くよりもさらにネガティブなものがある、と考えうるわけである。

人生全体にも適用されるような「反意味」の概念は、意味に関する私たちの常識的な理解に沿うものではないと考えられている。それは、理論的に作られ、受けいれられたあかつきには私たちの考え方を変える、改訂的な概念だとされる（Woodard, 2017, p.73）。そのような概念の導入を支持する論者は、その概念を用いることの利点を挙げる。たとえば、人生全体が負の意味をもちうるなら、先の人物の人生は、単に意味を欠くと言われるだけでなく、はっきりとネガティブな評価を下されることになる。ネガティブに評価されるなら、そうした人生にならないよう動機づけられることにもなり、それは当人にとって（おそらく他の人々にとっても）好ましいことだ、というわけである（cf. Nyholm and Campbell, 2022, p.289）。

他方で、こうした意見に対しては、反意味の概念を用いずとも「道徳的に許されないことを行なった」という非難を向けることは可能だという指摘がある（cf. Woodard, 2017, p.73）。たとえば先の人物に「道徳的に許されないし、意味を欠いた人生だ」と言うのでは、非難の表現として本当に不十分なのだろうか。

じつのところ「反意味」をめぐる議論は、まだ盛んではなく、その概念の本性がどのようなものかの解明は、これからの研究を待つことになる。これまで使われてきた「人生の意味」の概念を改訂して、負の意味を許す概念として使い始めるほうが好ましいかと言えば、いまのところは、そうする十分な理由が提出されているとは言えないだろう。とはいえ、次節では、人生全体が無意味だと言われるときに、（A）ゼロの値を指すと見なす場合と（B）負の値を指しうると見なす場合のどちらも考察し、無意味さが反出生主義の根拠になりうるかを整理しよう。

第五節　意味がないなら生まれないほうが良いのか

（A）ゼロの意味

すでに見たように、「無意味」がゼロの値を指すならば、意味の点からは、生まれても生まれなくてもどちらでも良い。そのことは、素直に考えれば、反出生主義の根拠にはなりそうにない。ベネターもおそらく、「無意味」はゼロの値を指すと考えている。ベネターは、既に見た（2）の生の質論証のなかで、人間の生は究極的な意味を欠くと論じている（その議論は、本書第三章を参照）。だがベネターはそこで、人生の無意味さ自体が反出生主義の根拠になるとは主張しない。ベネターは、（2）の論証で、私たちの生の質――人生全体の幸福――は乏しいと主張したうえで、次のように論じている。すなわち、もし人生に意味があれば、その乏しさを補って、当人にとって生きるに値する生を送れる可能性はある。だが、人生が無意味なら、その可能性はない、と（Benatar, 2022, p.128）。この考えに従えば、生の質論証が正しいと仮に前提して初めて、間接的に、人生の無意味さは反出生主義の論拠に登場することになる。なお、ここでのベネターの立場は、「苦しんで生きることに意味があるのか」という問いに「否」と答えるものだと理解できる。こうした問いは、通常、酷く苦しい境遇にいる人々が抱くものと理解されているが、べネターが示そうとしているのは、私たちの誰もが本当はそうした苦境にあるのだ、ということである。

こんなふうに思う人がいるかもしれない。人生が無意味なら、やはり何か苦しい、好ましくない状況にあるのであって、生まれなければそんな状況は生じないのだから、生まれないほうが良いことになるのではないか、と。もしかするとその苦しみは、意味があるはずという期待と（仮定の下では）実際は無意味だと気づくというギャップ――期待が挫かれるというネガティブな事態――に由来するのかもしれない。いずれにせよ、意味がないことに対する「苦しい」というネガティブな感じが適切なものだとすれば、「無意味」が負の値を指しうると考えるもっともらしさが増す。（なお、「無意味」がゼロの価値を指すのなら、ネガティブな感じを抱くのは適切でない。その感じは、何か思い違いに由来していて、それを正せば、いずれ薄まって消えるかもしれない。）次に考えるのは「無意味」が負の値を指しうる場合である。

（B）負の意味

「無意味」が負の値を指しうるとすれば、生まれることで開始する人生の無意味さは、生殖の道徳的是非を計る天秤の皿のうち、反対の理由の側に載せられることになる。ただ、改めて念を押しておきたいのは、それは、人生が無意味だと仮に想定すれば、である。悲観的なベネターさえ、ある面では、私たちの人生には意味がありうると主張する（本書第三章を参照）。ここでの問いは、仮に人生全体が無意味だとして、それが負の値を指すなら、反出生主義の根拠になるか、である。

まず、反出生主義が程度を許すものだとしても、子供をもうけるべきでない場合も、あ、る、という、だけでは、反出生主義とは呼べないということを思い出そう。子供をもうけるかどうかという選択にさいして、個々人の置かれた特定の状況によっては、これから生まれてくる子供の生が無意味だと考えるのがもっともな場合も、あり得ないことはないのかもしれない。その場合は、その特定の選択に関して、意味の点から、子供をもうけるべきではないと言いうることになる。だが、そのことは、多くの人の人生が無意味だという主張にも、一般に子供をもうけるべきではないという反出生主義にも、すぐには結びつかない。人生が一般に無意味だと見なす理由があるかは、人々が事実としてどんな人生を送っているかという点と、どんな人生をどんな意味の基準で評価するのが適切かという点の両方を踏まえて判断しなければならない（人生の意味に関する哲学の関心は、主に後者にある）。どちらの点についても、そう見なす理由は、あまりないように思われる。

さらに、もし十分に多くの人々の人生が無意味だとしても、別の考慮事項との関係で、反出生主義までは導かれない可能性もある。（1）の非対称性論証においては、生まれる当人が誕生という害を被るとしても、生殖という行為の道徳的評価のさいには、親の幸福など、子供が被る害を埋め合わせうる別の考慮事項が関わるという点が指摘されていた。人生に意味がないとしても、道徳的に価値あることをもたらしたり、他の人や動物の幸福を促進したりするのであれば、生まれてくる当の子供が被る「無意味さ」を、別の価値で埋め合わせうると考えることはできるかもしれない。たとえば、生まれてくる子供の人生が仮に無意味だとして、その無意味さについて、子供をもつことで親が獲得する人生の意味によって相殺されうるだろうか、などと問うこともできるように見える（Weinberg, 2022, p.315）。

ただし、仮に（繰り返すが、仮に）生まれてくる子供の人生が無意味で、それが負の値を指すのなら、そうした人生を生み出すことで親が意味を得ても、埋め合わせがうまくいくかは疑問だろう。その子供もまた親になり、新たに無意味な人生を生み出すことで意味を得て……といつまでも続くとすれば、ポンジ・スキームという、ネズミ講に似た出資金詐欺の様相を呈してくる（Benatar, 2015a, pp.129–130／cf. Weinberg, 2022, pp.317–318）。

なお、もし生まれてくる人の人生の無意味さが「負」ではなく「ゼロ」を指すならば、別の人から得る意味によって埋め合わせるべき負債はない。

第六節　おわりに

人生の意味という点で、生まれないほうが良いことがありうるかは、「反意味」の概念が認められるかどうかに左右される。ただし、人生の意味についての常識的な概念を改訂する良い理由があるのかは、いまのところ疑問が残る。さらに、もしそれを認めたとしても、無意味さが反出生主義の根拠になるかも、疑問が残ることを確認した。他方で、「無意味」がゼロの値を指すなら、人生が仮に無意味だとしても、それは反出生主義の根拠にはならない。ただし、このことが正しいとしても、それは良いニュースではない。肝要なのは、良いニュースでないことが、悪いニュースとは限らないということである。もし仮に私たちの人生が無意味なのだとすれば、意味の点では、生まれても生まれなくても、せいぜい、どちらでも良いのである。

【参考文献】

Benatar, David (2006) *Better Never to Have Been: The Harm of Coming into Existence*, New York: Oxford University Press.〔邦訳：デイヴィッド・ベネター著、小島和男・田村宜義訳『生まれてこないほうが良かった――存在してしまうことの害悪』すずさわ書店、二〇一七年。〕

Benatar, David (2013) "Still Better Never to Have Been: A Reply to (More of) My Critics", *Journal of Ethics*, 17, pp.121–151.

Benatar, David (2015a) "Part I: Anti-natalism", in Benatar, David and Wasserman, David *Debating Procreation: Is It Wrong to Reproduce?*, New York: Oxford University Press, pp.11–132.

Benatar, David (2015b) "The Misanthropic Argument for Anti-Natalism", in Hannan, Sarah,

Brennan, Samantha and Vernon, Richard (eds.) *Permissible Progeny? The Morality of Procreation and Parenting*, New York: Oxford University Press, pp.34–64.

Benatar, David (2020) “Famine, Affluence, and Procreation: Peter Singer and Anti-Natalism Lite”, *Ethical Theory and Moral Practice*, 23, pp.415–431.

Benatar, David (2022) “Misconceived: Why These Further Criticisms of Anti-natalism Fail”, *Journal of Value Inquiry*, 56, pp.119–151.

Bradley, Ben (2015) “Existential Terror”, *Journal of Ethics*, 19, pp.409–418.

Metz, Thaddeus (2013) *Meaning in Life: An Analytic Study*, New York: Oxford University Press.

Nyholm, Sven and Campbell, Stephen M. (2022) “Meaning and Anti-Meaning in Life”, in Landau, Iddo (ed.) *The Oxford Handbook of Meaning in Life*, New York: Oxford University Press, pp. 277–291.

Parfit, Derek (1984) *Reasons and Persons*, New York: Oxford University Press.〔邦訳：デレク・パーフィット著、森村進訳『理由と人格――非人格性の倫理へ』勁草書房、一九九八年。〕

Singer, Peter (1972) “Famine, Affluence, and Morality”, *Philosophy and Public Affairs*, 1, pp.229–243.〔邦訳：ピーター・シンガー著、井保和也訳「飢えと豊かさと道徳」『飢えと豊かさと道徳』（児玉聡監訳、勁草書房、二〇一八年）所収。邦訳書は Singer 2016, *Famine, Affluence, and Morality*, Oxford University Press に基づく。〕

Singh, Asheel (2018) "The Hypothetical Consent Objection to Anti-Natalism", *Ethical Theory and Moral Practice*, 21, pp.1135–1150.
Smart, R. N. (1958) "Negative Utilitarianism", *Mind*, 67, pp.542–543.
Weinberg, Rivka (2016) *The Risk of a Lifetime: How, When, and Why Procreation May Be Permissible*, New York: Oxford University Press.
Weinberg, Rivka (2022) "Between Sisyphus's Rock and a Warm and Fuzzy Place: Procreative Ethics and the Meaning of Life", in Landau, Iddo (ed.) *The Oxford Handbook of Meaning in Life*, New York: Oxford University Press, pp.308–323.
Woodard, Christopher (2017) "What Good is Meaning in Life?", *De Ethica*, 4, pp.67–79.

【読書案内】

●森岡正博（二〇二〇）『生まれてこないほうが良かったのか？――生命の哲学へ！』筑摩書房。
誕生に対する否定的な考えは、人類の思想の歴史のなかに繰り返し登場してきた。森岡正博は、ベネターによる現代の反出生主義だけでなく、反出生主義の源泉となる様々な考えを、思想史のなかに位置づけながら批判的に論じている。そこからさらに、人生の意味の哲学や、森岡自身が探究する生命の哲学との接続を試みている。

●『現代思想――特集＝反出生主義を考える：「生まれてこないほうが良かった」という思想』第四七巻第一四号、二〇一九年。

この特集には、ベネター以外の思想も含め、多様な観点から反出生主義を検討する論考が収められている。ベネターに対する批判としては、とくに本書で見た（1）と（2）の論証について、サディアス・メッツによる論考（山口尚訳）と鈴木生郎による論考が、ベネター自身のテキストに沿った公平で周到な論述としてお勧めできる。

第七章　人生の意味と自己実現

長門裕介

第一節　はじめに

「今日この一日を無駄に過ごしてしまった」と嘆息をついたことがない人は珍しい。前日の夜に度を越した量の酒を飲んで、せっかくの休日を二日酔いと共に過ごしたときや、誰がやっても代わり映えしないが誰かがやらないといけないような業務に忙殺されたときに、人はそのように思うだろう。あるいはもっと長い期間、たとえばこの十年を振り返って「自分はこの十年、何をしてきたのだろう」と不安な気持ちになることもある。そのような感覚や気持ちは、多くの場合、「もしこの一日（あるいは十年）をもっと有意義（meaningful）に過ごしていたら」という反実仮想（事実と異なる仮定）と一緒になって現れるだろう。そしてそうしたとき、私たちは自分の「ほんもの」の人生から自分が多少なりとも引き離されてしまったような感覚を抱くだろう。

本章で扱うのは自己実現（self-realization）の理念である。これから見るように「自己実現」

やそれに類するものについて哲学者は多くのことを語ってきたが、その意味するところは日常で「自己実現」と言われるものと大きな違いはない。その語の意味の中核にあるのは「自分の本性に応じて生きること」であり、より噛み砕いていえば「自分の可能性、あるいは自分らしさを十分に展開・発展（develop）させるように活動すること」である（cf. ハンフリング、一九九二、第六章）。このような理念が、本書全体が扱うところの「人生の意味」と何らかの関係があることはほとんど直接に見て取れるだろう。しかし、自己実現と人生の意味に関する哲学的トピックが具体的にどのように関わるのかはそれほど自明ではない。たとえば、この自己実現の理念と（本書で繰り返し論じられる）主観説／客観説の対立、人生の意味と幸福の関係、そしてMeaning *of* Life と Meaning *in* Life の区別はどのように関係するのだろうか。問題は山積みであるが、本章では自己実現の理念について大まかに二つの問題を扱う。

ひとつは、私たちが自己実現と呼んでいるものがどのようなものでありうるか、とりわけ自己実現的な活動とそうでないものをどのように区別するかという問題である。この問題は、Meaning *of* Life と Meaning *in* Life の区別や主観説や客観説（第一章から第三章を参照してほしい）の対立にかかわる。つまり、自己実現の問題は人間として生きている限り必ず付き合わなければならない問題なのか、それとも、ある特定の個人がそれによって有意味さを得ることの問題なのか、どちらなのだろうか。そして、自己実現が人間存在や個人の生をなんらかの意味で有意味なものにするとして、それが主観的なものとどのようにかかわるのだろうか。

もうひとつの問いは、現代の社会で私たちが自己実現に失敗してしまうことの意味、あるいは自己実現ができなかった人生は失敗した生なのか、ということにかかわるものである。自己実現は「ほんとうの」「あるべき」生き方という理念と密接にかかわるゆえに、自己実現に失敗した生は失敗した生き方である、という考えを自然に生み出してしまう。こうした考えとどう付き合っていくのかについても本章では若干の考察をおこなう。

第二節　本性の実現か、目的の達成か

哲学・倫理学の歴史に登場する自己実現の理念について、それを「自分の本性に応じて生きること」や「自分自身（の本来の姿）になること」と言い換えても大きく外してはいないだろう。そして、その理念はかなり長い間、ごく自然のものとして受け入れられてきたこともそれほど異論の余地はないだろう。しかし、その中身である「自分の本性」や「自分自身」とはいったい何であるかについては解釈の余地がある。

■完成主義

ひとつの有力な伝統では、そこでの「自分」というものを「他の生物から区別された、人間としての自分」であるとみなしたうえで、「人間」に着目して「人間ならでは」の部分を実現ない

しは開発することを自身の生の究極的な目的とする、という考えがある。このもっとも代表的な論者としてアリストテレスの名前を挙げることができるだろう。『ニコマコス倫理学』においてアリストテレスは、人間に固有の働きは理性（ロゴス）を伴った魂の活動であると考え、それを十分に発揮することが徳（アレテー）なのだから、人間にとって善いこととは「徳を備えた魂の活動」であると考えた（アリストテレス、二〇一五、1098a）。この考え方は、素朴な快楽主義に対する応答であると考えることで、それなりの説得力を持つだろう。つまり、外部からの様々な刺激に反応して得られる快楽はしょせん動物的なものに留まるのであって、そのようなものに紐づいた活動は生存や種の繁栄にとって不要とまでは言えないにせよ、自分の外側にあるものに振り回されていることは自然の奴隷となることであり、奴隷であるからにはとうてい善き生にあずかっているとは思われない。そのような状態から脱却するためには、正しいものと正しくないものを見分ける魂の理性的な側面をこそ発達させ、真理の探究や政治に寄与することこそが人間に固有の活動であって、目指されるべきものなのである。

このような考え方は「完成主義（perfectionism）」と呼ばれ、現代でもより洗練された仕方で主張されることがある（Hurka, 1993/Kraut, 2007）。完成主義は「幸福（福利）とはなにか」の解釈として提示されることも多いが、「人生の意味」の答えのひとつとして考えることもできる（人生の意味と幸福の関係については第五章にくわしい）。つまり、生きる理由とは何であるか、あるいは生の目的とは何か、といった問いに対して「私（あるいは誰か）は人間（という種）に属しているのだから、人間にしかできないことを発展させるべきである」と答えるのがMeaning *of* Life としての完成主義であり、自己実現であるということになる。さらに、この答え方それ自体は人生の意味について客観主義的な理解へと私たちを導く。ここで考慮の対象となっているのは「人間ならでは」のみであって、当事者の欲求や態度に依存するものではないからである。

こう考えてみれば、完成主義を人生の意味の答えの候補として提示することはそれほど難しいことではない。

しかし、完成主義には少なくない数の批判がある。これらの批判のうちのいくつかは完成主義を幸福（福利）の解釈とみなしたうえでなされたものもあるが、より一般的な問題もある。いくつかを紹介しよう。

まず、アリストテレスの時代とは異なり、現代の自然科学的世界観では、目的論的な自然観、つまり特定の種や個体がかくかくの特徴をもっているのは、しかじかのことをするためであるといった考え方や、ある種（たとえば人間）について環境による影響を被らない内在的な本性なるものがそもそもあるかどうかが疑わしいという疑問がありうる（Kitcher, 1999／植原、二〇一八）。少なくとも念頭に置かれている「人間本性」なるものが、現代の自然科学的な知見と整合するかについては一定の留保が必要だろう。

さらに、何が人間の本性にとって重要な特性かをどのように知るのか、という問題を指摘することもできる（Dorsey, 2010/Fletcher, 2016)。たとえば、アルコールによく似た効果をもたらす未知の物質が発見され、それは生物のなかで人間だけが分解可能であるとしよう。だからといって、その物質をできるだけ多く摂取して分解へともたらす（その過程で多くの人々は酔っぱらうだろう）ことが私たちを自己実現と有意義な生へと導くだろうか。あるいは、大規模に自然を破壊する能力や快楽を得るために他人に対して残酷になれることは人間しかもたないかもしれない。このような能力を開発することも完成主義者は是とするのかも問題となるだろう（成田、二〇二一、九二頁）。

もちろん、「人間ならでは」の規定に対して適宜修正を行うことで、こうした批判を回避できる余地は生まれるだろう。たとえば「種の保存に必要である限り」や「合理的主体である限り」といった限定をつけることが候補になるかもしれない（Bradford, 2017)。しかし、そのような限定は単にその場しのぎなだけでなく、実現すべき人間の本性をかえって狭めてしまう可能性があることには注意が必要である。また、そのような限定をつければつけるほど、私たちの態度とは独立に、人間の本性だけから人生の意味を引き出すことができるというこの理論がもともと備えていた素朴だが力強い魅力から遠ざかってしまうだろう。

■達成の価値

しかし、完成主義のモチーフには捨てるには惜しいものがあるように思われることもまた事実である。じっさい、私たちが「人間ならではのもの」として思い浮かべる特徴は、科学的世界観における生物学的定義や物質の分解能力ではなく（「残忍さ」などの話はひとまず措こう）、まずは理性や創造性、言語的なコミュニケーション能力といったものだろう。そしてそれらの能力はたんに抽象的に思い浮かべられるだけでなく、なんらかの活動のなかでそうした能力を発揮している様子とセットになって想像されるのではないだろうか。典型的には、将棋のトップ棋士が対局のなかで繰り出す新手やアスリートの超人的なプレイ、美術史を塗り替えるような芸術家の試みなどがそれにあたる。つまり、単に仮定された人間本性を参照すれば自動的に実現されるべきものや開発すべきものが決まるのではなく、個々人が「人生で最高のもの」を達成するように努めるという意味に、完成主義を読みかえるのである。こちらの方が日常的な意味での「自己実現」の語感に近いと言うこともできるだろう。

近年、なんらかの目的を達成（achieve）するという過程それ自体に価値があるのではないか、とする議論が登場している（Keller, 2004/Bradford, 2015/Bradford, 2022）。この議論をもとに、達成における自己実現について考えてみよう。

まず、達成（とその追求）それ自体の価値を考えるということは、達成の成果物や波及効果の価値を考えることとは区別される、という点を押さえておく必要がある。スポーツ選手や芸術家、政治家の活動の達成それ自体を考えるということは、その偉大な記録や作品の価値あるいは波及効果（多くの人に感動を与えた、奴隷制の廃止に貢献した、など）といった成果物の価値を考えるということではない。また、達成によって生じる満足感（私たちが日常的に達成感と呼んでいるもの）の価値でもない。そうではなく、何らかの目的とそれの実現を追求する過程（これを「プロジェクト」と呼ぼう）の性格や構造に注目し、それだけから価値を考えるのがこの議論のポイントである。

なぜ達成と成果を切り離す必要があるのか。それは、成果の重要性が当人の福利なり意味なりに貢献することはそれほど自明ではないという直観に基づいている。達成に関する近年の議論をリードしているブラッドフォードは、なんらかの達成が当人にとって価値をもつのは、それがどのように世界に善をもたらしたかではなく、「どのようにそれに取り組むか」というプロジェクトそのものの性格から判定されなければならない、と主張する。もちろん、達成の価値にはプロジェクトによって大きな違いがある。重要な達成もあれば、取るに足らない達成もあるだろう。しかし、その価値の違いは成果ではなく、プロジェクトの性格から示されなければならない。

この、プロジェクトの重要性を左右する性格とはなんだろうか。典型的には、そのプロジェクトが困難であるという性格をもっていることを挙げることができるだろう（Keller, 2004/von Kriegstein, 2015）。単独無酸素でのエベレストの登頂や月面着陸はそれだけでは「人間がある場所の位置を占めた」ということを意味しているにすぎないが、それが価値あるプロジェクトと見なされるのはそれが困難だからである、ということである。あるいは、そのプロジェクトの達成がより上位のプロジェクトを生み出すことに繋がるといった自己増殖（self-propagating）的な構造を持っていることが、重要な達成とそうでないものを区別する指標になると考える論者もいる（Bradford, 2022）。市販の詰将棋の本を一冊やり遂げることは大したことではないが、それをもとに自分で新しい問題を考案したり、新しい実戦的な戦法につながったりすることもあるだろう。ひとつひとつの達成の価値は小さなものであっても、そうしたプロジェクト同士の複雑な関係は「全体の価値は、部分の価値の総和よりも大きい」という有機的統一（organic unity）だと考えることもできるかもしれない。この洞察は人生全体の物語的評価とも関連する（物語的評価については第三章を参照してほしい）。

では、このような達成の価値の議論は人生の意味や自己実現とどのようにかかわるのか。もっとも単純には、内在的に（つまり、性格や構造からして）価値あるプロジェクトに参与することはその参与者にとっても価値あることであり、Meaning *in* Life としての当人の人生に肯定的な意味を与えると主張することができる。この考えでは、達成の価値は参与者の欲求などに依存しないという点で人生の意味の客観説に近づく。しかし、多くの場合、なんらかのプロジェクトに主体的に参与することはそのプロジェクトに対する肯定的な態度が伴うだろう。こうした条件を考えるのであれば、達成の価値はハイブリッド説に近いものになる。また、プロジェクトへの参与の在り方は各人によって異なるものでありうる。人間が有限的な存在であり、あまりに多くのことをその人生のなかですべて達成することが不可能であることを考えれば、どのようなプロジェクトとどのような仕方でかかわるかは当人にとって重要な決断であり、熟慮を要するものである。そうした選択や熟慮のなかに「その人らしさ」が表現されるとすれば、行為者はそのプロジェクトのなかで自らの本性を実現することになるだろう。

　達成の価値をベースにした議論は、このようにして、成果主義と異なりつつも従来の客観説やハイブリッド説の枠組みのなかに収めることができる。しかし、より重要なポイントとしては、先に挙げた素朴な快楽主義を退けることに成功しているように見えることである。かゆいところを掻く、腹が減ったので食事をするといったことの繰り返しは困難さや複雑性といった性格や構造をもたないがゆえに、達成という観点からは重要なものではありえず、当人の生の意味には寄与しないのである。

　しかし、人生の意味の最も主要な源泉は達成である、と言い切るためにはいまだ課題を残している。もっとも論争的なポイントは、達成それ自体の価値をほんとうに成果の価値から切り離して考えることができるのか、できるとしてもそれはそれほど重要な価値なのかどうか、ということにあるだろう。成果とは独立に達成の価値を考えることは芸術、スポーツなどを考える際にはそれなりにうまくいくように思われる。しかし、安価で安全なワクチンの開発やアパルトヘイトの廃止といった道徳的・政治的な成果をもたらした人生の意味は必ずしもそうした困難な達成を必要としないかもしれない（伊集院、二〇二一 5-5）。

第三節　自己実現はいかにして困難になったのか

これまでの議論は、完成されるべき人間の本性が存在することや、追及されるべきプロジェクトを個人がもっていることが、いわば前提となってきた。しかし、より外側から、この自己実現という理念そのものを問いなおしてみることもできる。

この宇宙の空間的・時間的スケールの大きさに対して自分自身の存在と人生が有限でひどくちっぽけなものに思えることからくる無意味さは「宇宙的無意味さ」と言われる。しかし、地上的なスケール、つまり自分たちが日常暮らしている社会のなかですら、そのなかで自身の本性や個性が発展していくような確たるプロジェクトがあるという感覚をもつことができそうもない、という不安も当然ありうるだろう。多くの論者は、こうした不安を近代社会の在りかたと結びつけて論じている。ここでは、チャールズ・テイラーにしたがって、近代社会に特有の意識を次のように整理してみよう（テイラー、二〇二三、第一章）。

1．個人主義　人間が自分で自分の人生を選択する権利、自らの良心に従って自分の信念を決定する権利を得た代わりに、私たちは自分より大きな社会や宇宙という地平から物事を見る目を失い、他者や社会に関する関心が低下した。

2．道具的理性　古い秩序が一掃されたことに伴い、あらゆる事柄が効率や費用便益分析の対象となり、合理化やテクノロジーによる非人格的管理の対象となった。

3．穏やかな専制　このふたつの帰結として、個人は積極的に自らの共同体の自治に参加しようとする気概を失い、パターナリスティックな後見人的権力に統治の主体を明け渡してしまう。

これら三つの意識の蔓延が、テイラーによれば、「自分自身に忠実であること」という近代の自己実現の理念（テイラーはこれを「ほんもの」authenticity と呼ぶ）を失墜させてしまった原因であるという。つまり、この見立てにおいては、伝統主義や封建主義に代わるものとしての個人主義や理性主義といった近代の理念そのものが、「ほんもの」というもうひとつの近代の理念を追いやってしまったのである。

なぜこのようなことが起きるのか、そしてそれは本当に私たちにとって悪いことなのだろうか。

■個人主義

まず、個人主義から見てみよう。それを「自分で自分の人生を選択する権利」の肯定であるとすれば、これ自体を悪しきものとみなす人はほとんどいないであろうし、これこそ自己実現のための基礎的な条件であるように思われるだろう。近代以前は、どのような職業に就くか、どこで暮らすか、誰をパートナーにするか、どのような思想や信条を信じるか、そしてそれをどう表現するか……といったことについて自由にそれらを選択できるひとは今よりずっと少数だった。そうしたなかでの個人の自己実現というものは先に見たように、人間の本性の発展といったかなり抽象的なものに留まるか、あるいはかなり限定的なものにならざるを得なかっただろう。

しかし、そうした保守的・伝統的な束縛から解放されて、自分が自分自身の主人となったとき、自らの選択の責任がひどく重いもののように感じたり、進むべき方向を見失ったりするような感覚に陥ることがある。個人主義は、こうした事態に対して「大事なのは参照するべき既存の権威を見つけることではなく、自分の選択そのものが自分にとって重要だと信じることだ」と言うだろう。たとえば、近代的自由の代表的な擁護者と見なされるJ・S・ミルは『自由論』のなかで次のように述べている。

ある人がともかくも普通の常識と経験とをもっているならば、彼自身の生活を自分で設計する独自のやり方が、最善のものであるが、その理由は、その設計が本来最善のものであるからではなくて、それが彼独自のやり方であるからである。（ミル、一九七一、一二六頁）

ミルにとって、自己決定の価値とは「自分にとって何が利益なのかは自分が一番よく知っている」ということ（だけ）ではなく、そもそもそれはその人自身の個性の発揮であることに求められるのである。

あるいは、実存主義者であるJ・P・サルトルはより徹底した仕方で人間本性や善悪の実在という考え方を拒否しながら、人間にとっての選択の重要性を訴えている。機能や用途にもとづいて創造される人工物とは異なって、人間はまず端的に「存在する」という仕方で世界のなかに現れた後で、さまざまな状況のなかで行為することで未来に向かって自分自身を作り上げていく特殊な存在者であるとされる。その意味で、人間は、こうであらねばならない、ということが決められた存在者ではなく「自ら作るところのもの以外のなにものでもない」のである（サルトル、一九九六、四一頁）。

「選択」そのものが自らの人生をかけがえのないものにするというアイデアは魅力的である。まさにこれこそが近代的な自己実現である、と考えることもできるかもしれない。情熱的な芸術家は、そこそこの創作活動で日銭を稼ぎながら家族と安逸な暮らしをすることが自分にとって賢明であるとわかっていても、独創的な絵画を作り上げるために家族を捨てて誰も自分を知らない島国に旅立ってしまうかもしれない。しかし、彼自身がそれをやらねばならないと思い、選択したという事実が、芸術家の人生をかけがえのないものにし、それによってその人は自己実現を果たす、というわけである。

しかし、テイラーは「自己選択という理想は、それだけでは理想たりえない」と言う。テイラーによれば、ある選択が重要であるというのは、この選択が別のあれこれの選択よりも重要であるということが理解されていなければ意味をなさず、そのためには選択において参照点となる

「善」や「重要さの地平」なるものが自分とは別の場所に用意されていなければならない（テイラー、二〇二三、七一頁）。現在の自分が自分にとっての善からどのような位置にいて、どこに向かいつつあるか、そしてその選択は自分と善（「理想」と言い換えてもいいだろう）の位置関係をどのように変化させるのかといった空間的なイメージをもつことなしには、その選択が自分にとっていかなる意味をもつか理解できなくなってしまうだろう。

> 私たちは善に対する方向づけなしではやっていけず、私たちはこの善との関係における自らの立ち位置に無関心ではありえず、その立ち位置は常に変化し生成しつつあるものでなければならない。これら三つの理由によって、私たちの人生の方向性の問題は私たちにとって必然的に生じるものとなる。（テイラー、二〇一〇、五五頁）

芸術家の例でいえば、その人が芸術家を自らのアイデンティティとしている限りで、現在の客観的状況（自分のこれまでのキャリア、経済状況、家族との関係、といったもの）から自分の理想がどれほど隔たっているか、あるいは自分と理想を隔てている外的な障害がどこにあるかを特定しながら、自分の進むべき方向を決めなければならない。ここで重要なのは「選択そのもの」ではなく、自分と理想の位置関係が選択によってどのように変化するかという問題なのである。この意味において、個人の選択の重要性は（自分の態度とは独立にある）「善」との関係で初めて意味をもつ。したがって、少なくとも自らの選択だけを絶対的な権威の源泉とみなす個人主義「だけ」では自己実現は意味をなさない。

■道具的理性と穏やかな専制

残る「道具的理性」と「穏やかな専制」についても、自己実現との関係から手短に述べておきたい。

「道具的理性」とは、この文脈では、私たちの実践における合理性のことだと考えていいだろう。私たちがある目的を達成するにあたって、もっとも効率のよい実効的な手段はなにかを特定する能力が道具的理性である。プラトンやアリストテレスにおける理性（ロゴス）が真実とそうでないもの、善と悪を見分けるような理論的・道徳的に重たい意味を担っていたのに対して、道具的理性はそれ自体が善でも悪でもないような推論能力にすぎない。こうした道具的理性の称揚は、個人主義に劣らず、近代の成果であると考えることもできる。テイラーは、道具的理性が近代にとって重要だったのは、（1）因習や伝統によらず、自分で責任をもって自制的に物事を考えるという近代的な個人の理想を形作り、（2）自分の置かれた環境に自分の力で介入し、変化をもたらすことができるという自信を与えることに成功したことにあるという（テイラー、二〇二三、一六九・一七三頁）。しかし、このような道具的理性の称揚は、すべてを人間のコントロールの対象とするという人間中心的な意識に転化したとき、大きな弊害をもたらすことになる。その例としては、環境破壊や医療における患者のモノ化を挙げることができるだろう。

自己実現や人生の意味の問題は、この道具的理性の暴走とどのように関係するのだろうか。この問題についてはモーリッツ・シュリックが「目的の呪い」として語っていたことから見て取ることができる。シュリックは一九二七年の論文「人生の意味について」において、生に目的の概念を導入することによって私たちは人生の意味の真正な理解から遠ざかってしまうと主張している。彼にとって目的とは現代人に掛けられた「呪（curse）」であって、「生に目的探し（goal seeking）を導入し、目的の網の目に取り込まれてしまうことは、人間が純粋さを失って真に堕落する前兆である」とする（Schlick, 1979, p.126）。シュリックがここで目的や目標志向と結びつけているのは仕事、特に現代人の労働の観念である。彼によれば、労働はまた別の労働を生み出すだけであり、実際に生産されているものはほとんど無価値なものに過ぎない。このような状況にあって、現代人は真に意味ある人生を送ることができないというのがシュリックの診断である。つまり、道具的理性によって日々のタスクを効率よく処理する、という生き方そのものが私たちの自己実現を阻む最大の原因となっているのである。

シュリックに先立ってカール・マルクスはこの問題を「疎外（Entfremdung, alienation）」という観点から論じている。現代における労働の基本的なあり方である分業は、もっとも効率の良い生産システムであると同時に、労働者の活動領域を狭め、互いが分断されることによって、労働者を「労働力」というひとつの非人間的なモノに変換する仕組みであるとマルクスは言う。

労働者は、彼が富をより多く生産すればするほど、彼の生産の力と範囲とがより増大すればするほど、それだけますます貧しくなる。労働者は商品をより多くつくればつくるほど、それだけますます彼はより安価な商品となる。事物世界の価値増大にぴったり比例して、人間世界の価値低下がひどくなる。（マルクス、一九六四、八六頁）

マルクスは労働は本来、自己実現的な活動であると考えているが、それは労働を通して何かを生産するということは、自らの本質をその外部世界に生産物として文字通り「実現する」ということを意味している。職人が自分の作ったモノを「これはまさに私の精神の体現である」と表現するようなことである。しかし、大量生産のために分業が始まると、労働者は生産プロセスのひとつとしての役割を与えられるだけであり、自己実現の契機やそれをもとにした人間同士の水平的な協働の可能性が奪われることになるという。

現代においても労働はほとんどの人にとって大きなウェイトを占める活動だろう。しかし、それが自己実現に結び付かないばかりか、その理念自体を忘れさせてしまうのが道具的理性の称揚の帰結としての効率化の追求であることをマルクスやシュリックは論じているのである。

最後の「穏やかな専制」については、個人主義と道具的理性というふたつの近代的な意識の暴走の結果として個人が断片化（fragmentation）されたことの帰結として考えることができる。

自分自身が自分にとっての唯一の権威であり、知的な活動はすべて何らかの意味で合理化と効率化に結びつくと信じられている社会では、政治は市民同士の協働の試みというよりも純粋に技術的なものとしての行政の問題にならざるを得ない。こうした行政国家においては、個人は行政が効率的に業務を行うために必要な統計的データの一要素でしかないことになる。それがいかに温情主義的なものであったとしても、その社会では個人の政治的な自己実現の意味は自分の後見人（あれこれ世話を焼いてくれる人）を選ぶ、という程度のものに低下してしまうだろう。しかしそれは、政治とは市民参加であるという民主制（デモクラシー）の意味を掘り崩してしまう。私たちは自分自身のキャリアの達成だけでなく、共同体のなかでの公民としての役割を果たすことによって、真に自己実現するというテイラーのような共同体主義（コミュニタリアニズム）の立場からすればこうした政治的問題も看過できないものである。

第四節　非エリート主義的な完成主義の可能性

前節では、テイラーにしたがって、自己実現という理念が現代においてもはや不可能であると思わせているものはなにか、そしてそれがどのように私たちの生活に脅威をもたらすかについて見てきた。これに対して、それは極めてもっともであるという反応があるだろう。私たちは「ほんもの」という感覚を失ってしまったことで、自己実現が不可能であるという錯覚に捕らわれてしまっているが、そうでない生き方がありうるのだ、ということをテイラーは力強く主張する。彼のような共同体主義的思想はエゴイズムや分断が蔓延する社会において重要な洞察を提供しているのは間違いない。その一方で、こうした現代人のあり方に警鐘を鳴らす態度について、どこか窮屈なものを感じる向きもあるだろう。あえて俗っぽい言い方をすれば、「意識が高い」生き方を強制されているという感覚である。

後者のような考え方を、より洗練された仕方で表現することもできる。共同体主義に対立するリベラリズムに立つロールズは、ある生き方が別の生き方よりも卓越（完成）しているという理由から前者を特別に扱って促進すべきという目的論的完成主義を自身の正義の構想から排除している（ロールズ、二〇一〇、第五〇節）。また、政治参加それ自体が人間にとって特権的な善であるという見方（公民的ヒューマニズム）にも反対している（ロールズ、二〇二〇、二八五頁）。その理由は、簡潔に言えば、善い生き方についての私たちの共通の合意は存在しない、という点にある。リベラリズムの立場からすれば、そのような合意を前提して公共的な議論を行うことは差し控えられなければならない。それと類比的に、それが直ちに悪徳であるとまでは言わないにせよ、ある特定の生き方を特権化するような理論はどこか不遜な響きがある。

エリート主義的でない完成主義はありうるか？　スタンリー・カヴェルは、アメリカの思想家であるラルフ・エマソンの思想から影響を受けた「エマソン的完成主義」のなかにその問いへの肯定的な可能性をみている。その完成主義の構想は極めて複雑であり、その全容をここで説明することは困難であるが、その柱のひとつに「自己信頼」という概念があることを指摘しておこう。自己信頼とは「自己のひとつひとつの状態が完結している」と信じつつ、いまだ到達していないが到達可能である別の自己へ変化していくことを自ら認めることを指している（カヴェル、二〇一九、七二頁）。その自己信頼のなかでのみ私たちは、エマソンの言う「自分自身の思想を信じること、自分にとって自分の私的な胸中において真理であることが、万人にとって真理であると信じること」が可能であるという（カヴェル、二〇一九、一二九頁）。自己を信頼していない者は、権威ある他人の言葉を借りなければなにかを言うことができない。それは、エマソン的完成主義からかけ離れた「迎合」という状態である。その逆に、自己を信頼しているものの言行は、それが社会通念からしてどれほど風変わりであろうとも、人間性のひとつの「例証」として現れ、ひとつの「代表」として他者に受け取られるのだという（カヴェル、二〇一九、一二八〜一二九頁）。民主主義の理念が、言論によって相手を打ち負かすことにあるのではなく、自分の立場とは異なる他者がいることを第一のものとして考えるとすれば、自己信頼は民主主義にとって不可欠なものであることになる。これがエマソンからカヴェルの引き出す結論である。

〔民主主義的生活のための教育や人格や友情を強調する〕完成主義は、平等な存在であるゆえの凡庸性や平準化たとえば通俗化から逃れて、自己自身になろうとする、あるいは似たような考えをもつ選ばれた人々のひとりになろうとする努力であるとみなされるかもしれない。

貴族的な完成主義や美学的な完成主義があることは否定できない。しかし私はこう言いたい。エマソンの場合、それは民主主義のための訓練のひとつと考えるべきだと。(カヴェル、二〇一九、一五〇頁)

この意味での政治参加は、たとえば議場に現れて演説するといったあり方に限定されるものではない。物乞いをしながら漂泊する井上井月のような俳人の人生は、多くの人の目には奇妙なものとして映るかもしれないし、誰もが憧れる生き方や道徳的理想ではないかもしれない。しかし、その人の思想が借り物ではなく、自分自身に忠実であるのであれば、そのような生き方そのものが私たちに「別の道」を示すだろう。また、そのような突飛な生でなくとも、私たちが現在の自分とは異なるいまだ到達していない別の自己へと思いを馳せ、自らが寄りかかっている他人の権威や世間の風潮を恥じるとき、そこでは別の自己が現在の自己に対して「別の道」を示すのである。そして、ここでは自己信頼は「自らが人間性の例証となる」という意味で自己実現であると言うことができるだろう。

こうした自己信頼を基幹とする完成主義は、上の引用にもあるように実現されるべき人間本性があらかじめ前提されているという伝統的な完成主義とも、高貴な生き方や美的な生き方はその他の生に優越するといった通俗的な完成主義とも異なる。もちろんエマソン的完成主義においても「ほんもの」の生と「そうでない」生という対比を見出すことはできる。しかし、それは通常の完成主義における優れた生／劣った生という対比ではなく、自己信頼する生／迎合する生という対比となっている。この意味で、カヴェルのエマソン的完成主義は素朴な意味でのエリート主義を免れているのである。

第五節　おわりに

これまでみてきたように、自己実現という理念は多くの意味で私たちにとってハードルが高いばかりか、どのようにすれば十分にそれを成し遂げたと言えるかかなり曖昧なものである。その原因のひとつは、テイラーの述べるように、それがたんなる欲求に依存するものではなく、アイデンティティや道徳性、政治的責務といったものを巻き込まざるを得ないことにあるだろう。私が昨晩の飲みすぎで今日一日を台無しにしてしまったと思うとき、私はそれを不快だとか欲求が満たされなかったと感じるだけでなく、（わずかであっても）罪悪感にさいなまれることがある。「私はどのように生きるべきか」という問題そのものが必ず道徳性や政治的責務の問題と関係するわけではないにせよ、現実の自分とあるべき自分の関係を考えたとき、私たちは自己への責任という道徳的な問題にかかわらなければならなくなる。そして、自分がなんらかの活動を通して自己を実現しようとする際には、他者や共同体とのかかわり方の問題は避けて通れなくなってくる。人生の意味の問題はこのように自己実現という理念を通して、倫理学全体の問題と関係してくるのである。

【参考文献】

Bradford, Gwen (2017) "Problems for Perfectionism", *Utilitas*, 29 (3), pp.344–364.

Bradford, Gwen (2015) *Achievement*. Oxford, Oxford University Press.

Bradford, Gwen (2022) "Achievement and Meaning in Life", In Landau, Iddo (ed.), *The Oxford Handbook of Meaning in Life*. Oxford, Oxford University Press, pp.58–73.

Dorsey, Dale (2010) "Three Arguments for Perfectionism", *Noûs*, 44 (1), pp.59–79.

Fletcher, Guy (2016) *The Philosophy of Well-Being: An Introduction*. New York, Routledge.

Hurka, Thomas (1993) *Perfectionism*. Oxford, Oxford University Press.

Keller, Simon (2004) "Welfare and the achievement of goals", *Philosophical Studies*, 121 (1), 27–41.

Kitcher, Philip (1999) "Essence and Perfection", *Ethics*, 110 (1), pp.59–83.

Kraut, Richard (2007) *What Is Good and Why: The Ethics of Well-Being*. Cambridge, Harvard University Press.

von Kriegstein, Hasko (2015) "Source and Bearer: Metz on the Pure Part-Life View of Meaning",

Journal of Philosophy of Life, 5 (3), pp.1–18.

Mets, Thaddeus (2013) *Meaning in Life: An Analytic Study*. New York, Oxford University Press.

Schlick, Moritz (1979) "On the Meaning of Life", in Mulder, H. L. and van de Velde-Schlick, B. F. B. (eds.), *Moritz Schlick: Philosophical Papers*, vol. II, D. Reidel, Dordrecht, pp.112–129.

伊集院利明（二〇二一）『生の有意味性の哲学――第三の価値を追求する』晃洋書房。

植原亮（二〇一八）「徳と人間本性――アリストテレス的主題を現代から吟味する」『情報研究 関西大学総合情報学部紀要』第四八号、四一〜五六頁、関西大学総合情報学部。

成田和信（二〇二一）『幸福をめぐる哲学――「大切に思う」ことへと向かって』勁草書房。

アリストテレス著、渡辺邦夫・立花幸司訳（二〇一五）『ニコマコス倫理学』（上）光文社古典新訳文庫。

カヴェル、スタンリー著、中川雄一訳（二〇一九）『道徳的完成主義――エマソン・クリプキ・ロールズ』春秋社。

サルトル、ジャン＝ポール著、伊吹武彦訳（一九九六）「実存主義とは何か」『実存主義とは何か』人文書院。

テイラー、チャールズ著、下川潔・桜井徹・田中智彦訳（二〇一〇）『自我の源泉――近代的アイデンティティの形成』名古屋大学出版会。

テイラー、チャールズ著、田中智彦訳（二〇二三）『〈ほんもの〉という倫理』ちくま学芸文庫。

ハンフリング、オズワルド著、良峯徳和訳（一九九二）『意味の探求——人生論の哲学入門』玉川大学出版部。

マルクス、カール著、城塚昇・田中吉六訳（一九六四）『経済学・哲学草稿』岩波文庫。

ミル、ジョン・スチュアート著、塩尻公明・木村健康訳（一九七一）『自由論』岩波文庫。

ロールズ、ジョン著、川本隆史・福間聡・神島裕子訳（二〇一〇）『正義論 改訂版』紀伊國屋書店。

ロールズ、ジョン著、田中成明・亀本洋・平井亮輔訳（二〇二〇）『公正としての正義 再説』、岩波現代文庫。


【読書案内】

●國分功一郎（二〇二二）『暇と退屈の倫理学』新潮社。
暇と退屈、という私たちの良く知っている感覚から始めて本章が「自己実現」と呼ぶところの問題圏を幅広く論じている。哲学書としては「熱い」文体が面白い。

●植村邦彦（二〇一九）『隠された奴隷制』集英社新書。
「隠された奴隷制」というマルクスによる（何気ない）一文の意味を、ジョン・ロックら近代思想から現代の「ブラック企業」の現状まで、実証的な研究を交えて論じる。特に後半は自己実現の負の側面に多くの分量を割いている。

●ラズ、ジョセフ著、森村進・奥野久美恵訳（二〇二二）『価値があるとはどのようなことか』ちくま学芸文庫。

功利主義とロールズ的リベラリズム双方の批判で知られる法哲学者によって「価値」という捉えどころのないものが、私たちにとってどのように経験されるのかが丁寧に論じられている。

●春日武彦（二〇二二）『鬱屈精神科医、占いにすがる』河出文庫。

スピリチュアルや自己啓発など心の底からバカにしていそうな精神科医が占いにいくところから始まり、文学や臨床的知見を踏まえた内省を始めていく私小説風エッセイで、シニカルになり切れない人間の心の微妙さがよくわかる。

第八章　生の意味について語るときに私たちが語ること

久木田水生

君が遊んでいるゲームの名前を教えてよ。
――ザ・グレイトフル・デッド
「ドゥーイン・ザット・ラグ」

第一節　はじめに

ある人が「一九〇〇年って閏年だったかな？」と誰かに聞いたとする。聞かれた人は閏年の定義を参照する。その定義は、「西暦 n 年が閏年である必要十分条件は、n が四〇〇の倍数であるか、または n が一〇〇の倍数ではなくかつ四の倍数であること」である。この定義に照らして一九〇〇年は閏年ではないことが分かる。そこで聞かれた人は「一九〇〇年は閏年じゃなかったよ」と答える。質問者はその答えを聞き、一九〇〇年が閏年ではなかったことを知る。

これは言葉を使って行われるコミュニケーションの一つの典型的な事例である。ある人が質問をする。質問されたほうは何らかの仕方でそれに対する解を探索し、その結果を報告する。質問者はその報告によって自分の疑問を解決し、知識を拡張する。この種のやりとりにおいては「一九〇〇年は閏年である」という言明は、それを発した人の意図や、それが発せられた状況とは独立に意味を持ち、そしてそれが真であるかどうかも発話の意図や状況とは独立して決定されている。

さて、ここで次のような会話について考えよう。ある人が「僕なんか生きている意味、あるのかな?」と言う。言われた方はこれに対して「あるよ」と答える。ここで行われているのも形式的には先程の閏年についてのやり取りと同じような、質問とそれに対する回答である。従ってこれもまた疑問の提示、解の探索、事実の報告、知識の拡張といった枠組みによって捉えるべきものだろうか。つまりここでの「(君が生きている意味は)あるよ」という発言は、何かしらの方法で(例えば特定の基準に照らすことで)成立している/成立してないことが確認できる事実の報告なのだろうか。

近年、生の意味の問題に取り組んできた分析哲学者たちの多くは当たり前のようにそう前提している。つまり生の意味についての問いの答えは、何らかの一般的基準に照らして真偽が確定できるものと(明に暗に)考えている。従って「生の意味とは何か」という問いに取り組む哲学者の仕事は、その基準(任意の人について、その生に意味があるという事実が成立していると言えるための必要十分条件)をはっきりと特定することだということになる。

この章の目的は、この前提を批判的に検討することである。閏年についての主張と誰かの生の意味についての主張を同じ枠組みで捉えようとすることは、私たちが生の意味について語るときに行なっていることの重要なポイントを捉え損なうのではないか、という疑問を呈したい。

第二節　私たちはどのような時に生の意味を問うのか

マーティン・スコセッシ監督の『ヒューゴの不思議な発明』の中にヒューゴが「僕がここにいる理由」を語る印象的なシーンがある。この映画の主人公の少年ヒューゴは亡くなった父親が残した壊れたオートマトン（からくり人形）をいつか直して動かしたいと思っている。ヒューゴの友人の少女イザベルは両親がおらず、養父母と暮らしている。あるときヒューゴはイザベルに、どんな機械にも目的があり、「なすよう意図されたことをする」、だから「壊れた機械はとても悲しいんだ」と言う。そしてそれは「人間でも同じだ」と言うのである。これに対してイザベルは「私には自分の目的が分からない」と言い、「両親がいたら自分の目的が分かったのかな」と呟く。ヒューゴはその時、イザベルをパリの街が見下ろせる時計塔の窓へと連れていき、イザベルにそこからの夜景を見せて、次のような言葉をかける。

僕はよくこの世界全体が一つの大きな機械だって想像したものさ。機械には余分な部品がないだろう。機械には必要なものがちょうど必要なだけ備わっているんだ。だから世界全体が一つの大きな機械だったら、僕だって余分な部品なんかじゃないって思えた。僕は何かの理由があってここにいるに違いないんだって。それなら君だって何かの理由があってここにいるに違いないんだ。

ヒューゴとイザベルはともに幼くして両親と別れ、どちらも孤独な思いを抱いて過ごしている。彼らが「自分の目的」、「自分がここにいる理由」を問わずにいられないのはその孤独のゆえにだろう。無条件に自分を愛し、庇護し、肯定してくれる家族がいる子どもはおそらくそんな疑問を持たない。

第五節で述べるが、心理学や脳神経科学の知見からは、人が自分の生の意味を疑問視するのは、その人が愛情に恵まれず、夢中になれる遊びがなく、打ち込める仕事がないような時、そして孤独と不安に苛まれている時である可能性が高いことが示唆される。「私には自分の目的が分からない」というイザベルの言葉も彼女の孤独から生まれたのだろう。これはイザベルの個人的な苦しみの表明であり、ヒューゴに心を許していなければ出てこない言葉である。これに対してヒューゴはいかにして「自分がここにいる理由」を見出しているかを語り、それによってイザベルの苦しみを救おうとしている。

ここでのヒューゴの振る舞いと言葉は、イザベルの生の意味（目的）についての疑問に対する素晴らしい応答になっていると私は思う。しかしここでのヒューゴの答えがイザベルの心に響く（そして観客にも強い印象を与える）のは、一つにはヒューゴ自身がイザベルと同様に孤独な境遇にあることと、ヒューゴにとって機械が特別なもの（ヒューゴと父親を結び付けるもの）であることをイザベルが知っているからである。また機械仕掛けの時計塔の中から見下ろすパリの夜景が、世界が一つの機械であるというヒューゴの信念に説得力を持たせていることも重要だろう。そして何より、ヒューゴの言葉と振る舞いはイザベルに対するヒューゴの気遣いと共感を表しており、そしてそれこそがこの時のイザベルにとって何よりも必要なものだった。

この例では、生の意味についてのやりとりは、生きることにまつわる苦しみ、相手に対する信頼や期待、あるいは気遣いや愛情を示すコミュニケーションに埋め込まれている。そこでの生の意味についての語りがどのような意味を持つかはそこで発せられた言葉だけではなく、その語りに参加している人々の間の関係、それぞれがどのような生を生きているのか、それぞれが何に価値を置いているのか、互いが相手をどのように思っているのか、その他の様々な状況に依存している。こういった個別的な状況、その場にいる人々の間の関係、それぞれの生き方や価値観と切り離して、生の意味についての語り一般について考えることはどれほど妥当なのだろうか。

確かに言葉の中にはそれが発せられた状況から切り離して意味を論じることが妥当なものもある。例えば冒頭で例に挙げた「閏年」という言葉がそうである。「閏年」という言葉の意味は（少なくとも現代においては）確定しており、それを発した話者、聞き手、その他の状況に依存することはない。それに対して例えば「ヤバい」という言葉は状況に依存して様々な異なる意味を持ちうる。その一般的な意味を状況と切り離して曖昧さなく特定しようと試みることにはあまり意味がないだろう。

要するに私は、**誰かの生の意味についての私たちの語りは、「一九〇〇年は閏年ではない」という言明より「あいつ、ヤバいって」という言明に近いと考えた方が理解しやすいのではないか、**と提案したい。しかし近年、生の意味について盛んに論じている分析哲学者たちの多くは「生の意味」は「閏年」のように曖昧さなく状況に依存せずに意味が確定できる言葉であるということを正当化なしに前提している。

第三節　生の意味に対する真理条件アプローチ

二〇世紀初頭に誕生した「分析哲学」と呼ばれる哲学の流派がある。分析哲学の起源は一九世紀末から二〇世紀初頭に活躍したドイツのゴットロープ・フレーゲやイギリスのバートランド・ラッセルらにさかのぼることができる。彼らはもともと哲学者というより数学者・論理学者であり、論理学の道具立てを用いて数学をより厳密な仕方で再構成するという目標を追及していた。

フレーゲやラッセルの方法の要点は、意味の明瞭でない言明を、それと同値（互いに必要十分）で、より理解しやすい言明に置き換えることで、その言明の意味（真理条件）を明らかにすることである。例えば「約数」という言葉を考えよう。この言葉の意味は次のように説明できる。

x は y の約数である ⇕ ある整数 k が存在して $y = k \cdot x$

⇕という記号はこの両辺が互いの必要十分条件になっているということを表すものとする。この説明によって、「約数」という言葉の意味を知らない人にも、任意の二つの整数について一方が他方の約数であるということが成り立つのはどういう場合かを理解させることができる。この時、矢印の下の言明は上の言明の**真理条件**を与えると言う。

この例は自明であって大した面白味を感じられないかもしれないが、フレーゲやラッセルたちはそれまで明確に定義されないままに使われていた概念、例えば「自然数」などの概念にもこの方法で明確な定義を与えることを試み、一定の成功を収めた。以後、彼らの論理学の道具立てと背景となる思想が数学の領域の外にも拡張され、自然科学の言明や日常的な言明を分析することにも応用された。以下ではこのような方法を**真理条件アプローチ**と呼ぶことにする。

近年ではこのようなアプローチが生の意味を扱う哲学的議論においても使われている。つまり一般に「誰々の生には意味がある」という言明が真であるための必要十分条件を探るというアプローチである。分析哲学者はこのアプローチによって意味がある生と意味がない生を分けるための曖昧さのない一般的な基準が得られることを期待している。

具体的に真理条件アプローチを使った生の意味についての議論がどういうものになるのか。いささか戯画化してスケッチすれば次のようなものになる。

「生の意味」というのは明瞭さを欠く言葉である。そこでこれをより自明な言葉で説明したい。そこである論者が次のように提案したとしよう。

A の生に意味がある ⇕ *A* は自分の生に満足している。

つまりこれは「生の意味」というよく分からないものが、「満足」というより分かりやすいもので説明できるという提案である。「⇕」はその上下の言明が互いに必要十分条件であることを表すので、自分の生に満足している人は意味のある生を生きているし、満足していない人は意味のある生を生きていないということになる。

しかしこれに対して別の論者が「いや、それだとファン・ゴッホのような偉大な芸術家の生に意味がなかったことになるが、それはおかしい」と反論する。これは下の言明が上の言明の必要条件になっていないという批判である。あるいは別の人は「毎日、一人で妄想にふけっているだけの人でも、自分が満足していれば意味のある人生ということになるが、それはおかしい」と反論する。これは下の言明が上の言明の十分条件になっていないという批判である。

満足説の提唱者はこれに対して、「いいや、ファン・ゴッホの生には意味はなかったのだ」とか「妄想にふけっているだけでも意味のある生であることはありうる」と強弁するが、他の哲学者たちを説得できず、満足説は棄却される。そこで次のような代替案が出される。

A の生に意味がある ⇕ A は偉大な功績を成し遂げた。

しかしこの説に対して、別な論者が、「そもそも何が偉大な功績なのか明らかではない」と批判する。これは下の言明が十分明らかではないという批判である。あるいは別の論者は「これだとごく一部の人間の生にしか意味がないことになっておかしい」とか、「偉大な芸術作品を生み出したシリアル・キラーの生は有意味なのか」などと反論をする。前者は必要条件になっていないという批判、後者は十分条件になっていないという批判である。これらに対処するためにまた新しい説が提案される。

A の生に意味がある ⇕ A は他人に益のあることをした、そして A はひどく道徳的に悪いことはしなかった。

これに対して、「でもその益行が自分の意思ではなく、他人に強制されていたらやっぱり意味がないんじゃないか」とか「無人島に流され一人で生活したら絶対に意味のある生にはならないのか」などの反論が出される。そうするとそれらに応えてさらなる修正案が出される。以下同様。

実際にはこれほど単純な議論をしているわけではないが、真理条件アプローチを使って分析哲学者たちのやっていることの大枠はこういうことである。誰かが意味のある生にとって必要十分と思われる条件を提案する。別の誰かがそれに対して反例（矢印の両端の言明の一方を満たすが他方を満たさない事例）となると思われる事例を持ち出して反論する。すると代替案や修正案が提案される。あるいは反論に対してそれは反例になっていないという再反論がなされる。こんな風にして分析哲学者たちは意味のある生と思うものと、意味がないと思う生をきっちり分けてくれるような明確な基準を探求してきた。その一つの例として、サディアス・メッツ（Metz, 2013）によって提唱された理論を参照しよう。

メッツは生の意味はあるか無しかのどちらかではなく、どれだけあるかという程度で測られると考える。そしてある人の生の意味は、その人が一定の道徳的制約に違反せず、理性を働かせて、「人間存在の根本的な諸条件」に対して合理性をポジティブに差し向けるほど増大する、と主張する。同時にメッツは「人間存在の根本的な諸条件」に対して合理性をネガティブに差し向けるほどその人の生の意味は減少すると考えている。

「人間存在の根本的な諸条件」とはメッツによれば、「人間の条件の他の多くに対して大部分の責任があるもの（largely responsible for many other human conditions)」、人間が生きていく上で重要な事柄の根本にある要因ということらしい。具体的に彼が例に出すのは道徳的善、真理、美である。従ってメッツの理論によれば、生の意味は次のように定義できる。

Aの生に意味がある ⇕ Aは一定の道徳的制約に違反せず、理性を働かせて、道徳的善・真理・美などの人間存在の根本的条件に対して合理性をポジティブに差し向けており、そしてまたそれを帳消しにするほど人間存在の根本的な諸条件に対して合理性をネガティブに差し向けてはいない。

メッツは、この理論はこれまで主に英米の分析哲学者によって提唱されてきた主要な理論の核と思われるもの、そしてその基礎にある直観を説明するものだと言っている。それゆえにメッツの理論にはこれまでの分析哲学者たちがまったく考えていなかったような独自性はそれほどない。メッツの理論の独自性は、生が意味を持つための条件を一般化して「人間存在の根本的条件」として特徴づけたことである。そのため彼は自身の理論を「根本性理論（fundamentality theory）」と呼ぶ。この一般化によって、生を有意味にすると考えられる典型的なもの（道徳的達成、真理の発見、美の創造）が説明でき、そして生の有意味性と快や幸福それ自体とを区別することができる、とメッツは言う。

ここで二点、メッツの理論の難点を指摘したい。第一に彼の理論は、主に英米の分析哲学者たちが共有している「意味のある生」のイメージを捉えることを目指しているために、その直観を共有していない人間にはまったく説得力を持たない。マザー・テレサやアインシュタインやピカソのような歴史に名を残すいわゆる「偉人」たちの生の方が、市井の一般人の生よりも大きな意味があるというような直観、あるいはそもそも人の生きる意味が何らかの一般的な基準によって測れるとか、それによって異なる人の生の意味の大小を比較できるといった直観を共有しない人間には生の意味を説明しているように思われないのである。それならそれで、「この理論は英米の分析哲学者の考える生の意味を説明しようとしたものだ」と言ってくれれば良いのだが、しかしメッツはあくまでも生の意味は客観的に実在すると（明確な根拠を示さずに）主張し、そして彼の理論はそのような生の意味を捉えていると主張している。従って彼らと直観を共有していない人間は生の意味というものをまったく分かっていないということになる。彼らは生の意味というものに特権的にアクセスすることができる直観を有しているようであるが、その理由は説明されていない。

第二にメッツは根本性の概念が比較的、曖昧性を免れていると述べるが、これは疑わしい。例えば美の創造について、メッツはある芸術作品が偉大なものである――従ってそれを創造した芸術家の生に大いに意味をもたらすものである――のは、単に普遍的というのではなく根本的なものを扱っていなければならない、と言う。そして道徳性、死、戦争、愛、家族などは根本的なものである一方、排泄や塵などは普遍的だが根本的ではないという。この区別は極めて恣意的である。例えば芭蕉の「古池や蛙飛び込む水の音」、「蚤虱馬の尿する枕もと」など俳句は、メッツによれば人間存在の根本的な条件についてのものではなく、従って偉大な芸術ではないことになるだろう。しかしこれらの俳句は実際には素晴らしい芸術作品として高く評価されているものである。従ってメッツは次の（1）か（2）のどちらかを認めなければならない。（1）これらの俳句は人間存在の根本的な条件についてのものである、または（2）偉大な芸術は必ずしも人間存在の根本的な条件のものについてのものでなくても良い。（1）を選ぶならばメッツは根本性が彼が考えているよりも恣意的で曖昧であることを認めなければならない。（2）を選ぶならばメッツの理論は偉大な芸術を作ることが作者の生の有意味性を増大させるということを説明できないということになる（Kukita, 2015）。

メッツの理論は彼が思うほど成功していないかもしれない。しかし彼の理論が完全なものでないことは彼自身も認めている。次節以降ではメッツを含む分析哲学的アプローチを採る人々に対してより根本的な批判を試み、それとは別のアプローチを提案する。

第四節　言語ゲームの多様性

尾田栄一郎の漫画『ワンピース』は、「海賊王」になることを目指して故郷を旅立った主人公のルフィが、仲間を増やしながら大海を股にかけて冒険をする物語である。この漫画の序盤にウソップというキャラクターが登場してルフィの仲間になるエピソードがある。彼が仲間になる場面は次のようなものである（尾田、一九九八、一二〇～一二一頁）。ルフィ一行は旅先でウソップと知り合い、ともに力を合わせて悪党と戦う。悪党たちを倒した後、ウソップはルフィ達に別れを告げて去ろうとするが、ルフィはウソップに「なんで？」と問い、「おれ達もう仲間だろ」と告げる。それを聞いたウソップは「キャプテンはおれだろうな!!!」と叫びながらルフィたちの船に乗り込む。こうしてウソップはルフィ一行に加わった。

ここで注目したいのはルフィの「おれ達もう仲間だろ」という言葉である。ここでの「おれ達」はルフィ（一行）とウソップを指している。従ってこの言葉は「ルフィ（一行）とウソップはすでに仲間になっている」とパラフレーズできる。しかし『ワンピース』のこの時点ではこの言明は正しくない。なぜならこの時点ではウソップは自分がルフィ達の仲間だとは思っておらず、彼らと行動を共にするつもりはなかったからである。ではこれと同じことを意味していると思われるルフィの「おれ達もう仲間だろ」という言葉もやはり誤った言明なのか。もちろんそうではない。ルフィのこの言葉は事実を記述、報告するために発せられたのではない。それはウソップと仲間になりたいというルフィの意思の表明であり、一緒に旅をしようという提案としての機能を持つ。そしてウソップの「キャプテンはおれだろうな!!!」という言葉は、ルフィの提案に対する承認として機能している。つまり「おれ達もう仲間だろ」というルフィの言葉とそれに対するウソップの応答によって、「ルフィとウソップはすでに仲間になっている」という事実が成立するのである。

私たちが言葉を使って為すこと——言語哲学の分野ではこれを「言語行為」と呼ぶ——は多様である。先にあげた事実の記述・報告、提案とその承認の他にも、命令、禁止、約束、撤回、拒否、非難、謝罪、賞賛、激励、挨拶などなど、私たちは様々な目的・用途・方法で言葉を使う。そして上の例で分かるように、一見同じ内容、あるいは真理条件を持つ言明でも、それが使われる状況次第ではまったく異なる役割・効果を持つことがある。

このような多種多様な言語使用のあり方を表現するために、ウィトゲンシュタインは「言語ゲーム（Sprach Spiel）」という言葉を作った（ウィトゲンシュタイン、二〇二〇）。「ゲーム」と呼ばれる活動には様々なものがある（原文の「Spiel」というドイツ語の言葉は、日本語の「ゲーム」よりもっと意味の幅が広く、「遊び」、「レクリエーション」、「娯楽」というような意味も含む）。テニスの試合、将棋やチェス、トランプやウノ、じゃんけん、にらめっこ、お手玉、独楽回しなどはすべてゲームである。あらゆるゲームを（そしてゲームだけを）特徴づける一般的な性質がおそらくないのと同様に、言語ゲームにも（言葉を使っているということ以外には）一貫した特徴はない。そしてどれが最も重要な言語ゲームであるかといったような問いにも絶対的な答えがあるわけではない。これがウィトゲンシュタインの指摘である。ウィトゲンシュタインは言語を用いる私たちの実践（言語ゲーム）の多様性に目を向けることが重要であり、そして何らかの体系的で一様な仕方でそれらを扱えると思うのが誤りのもとであると主張した。

ウィトゲンシュタインはラッセルやフレーゲから直接的に影響を受けた哲学者であり、初期には彼らと同様、世界の事実を表現する言語の機能にもっぱら焦点を当てていた。しかし後年、このような言語観は狭すぎると考えるようになった。そして言明の意味をその使用の文脈から切り離して考えることが誤りであるということを強調するようになった。このような言語観は現代では「語用論」や「言語行為論」などと呼ばれる言語学・言語哲学の一分野を形成している。一方で、使用の文脈とは独立した言語の形式的側面にもっぱら焦点を当てるアプローチは「構文論」（言語の文法構造を研究する）、「意味論」（表現の意味を規定する規則を研究する）と呼ばれる分野を形成している。

構文論と意味論が扱うのは言語の抽象的で普遍的な側面である。一方で語用論が扱うのは、具体的で状況依存的な側面である。上述のように前者のアプローチは初期の分析哲学者が数学の言明を扱う上で大きな成功につながった。しかしそれであらゆる言語実践が捉えられるわけではない。上で紹介したルフィの言葉を理解するには真理条件に基づいた分析では不十分なのである。

真理条件に基づくアプローチが全ての言語ゲームに対して最適という訳ではない。必要なのはどのようなアプローチが適切なのかをケース・バイ・ケースで考えることである。しかるにメッツをはじめ、生の意味について論じる分析哲学者たちの多くは、**意味のある生と意味のない生が特定の一般的基準によって分類することができる**ものと前提し、生の意味についての言明に対して真理条件アプローチを採っている。つまり彼らは「ファン・ゴッホは意味のある生を生きた」という言明は、「一九〇〇年は閏年ではない」とか、「水分子は二つの水素原子と一つの酸素原子からなる」といった言明と同種のものだと考えている。それは発話者の意図や発話の状況とは独立に確定した真理条件を持つものだと思っている。しかしそれはそれほど自明なことではない。

真理条件に焦点を当てる分析哲学のアプローチは確かに数学の領域では大きな成功を収めた。しかしそのことは、同じ方法が他の領域にも応用可能であることを含意しない。初期の分析哲学者たちはその点においてもっと慎重だった。初期の分析哲学者たちは、言語の背後にある論理を分析することによって明らかにすることができる問題にもっぱら焦点を当て、そうではないと彼らが考える問題、具体的には道徳的な問題や宗教的な問題、あるいは形而上学的な問題からは距離をおいてきた。本当にそれができていたのかどうかは置いておいて、ともかく彼らはそう公言してきた。彼らがやろうとしたのは数学の言語あるいは日常言語から曖昧さ不明瞭さを可能な限り排除して、明晰に語るための道具としての言語を洗練させることであった。そしてそのような明晰な言語によって語ることが出来ない問題については、「沈黙」することを選んだのである(cf. ヴィトゲンシュタイン、二〇一五、§7)。

しかしながら現代の分析哲学者たちの一部は、初期の分析哲学者たちの方法論を踏襲しつつ、その主題についてはかつての慎重さを捨てて、経験的あるいは論理的に真偽が決定できるかどうか定かではない問題、形而上学的な問題や倫理学的な問題にも踏み込んでいる。生の意味もそのような問題の一つである。しかし私は生の意味についての言明は、そのように扱うのが適切ではないと考えている。

第五節　生の意味に対する語用論的アプローチ

あるタイプの言明に対して真理条件アプローチを採るということは、そのタイプの言明には定まった真偽、意味があり、その真偽や意味はそれが使用される文脈や発話者の意図とは独立に定まっているということを前提している。しかしこの前提は私たちの言語使用のあらゆるケースについて成り立つわけではない。数学や科学で用いられる概念についての言明に対しては真理条件アプローチは適切かもしれないが、それ以外の領域では、少なくとも**デフォルトで真理条件アプローチを採用するのが適切と判断するのは軽率である**。

そこで本節では、生の意味に対する別のアプローチを検討する。具体的には、ここでは**語用論的なアプローチ**を用いる。それは**私たちはどのような時にその言明を発するのか**、そして**その言明を発することで私たちは何を聞き手に伝え、何を達成しているのか**を考えるアプローチである。従って私たちは発話それ自体ではなく、それが実際に使われる文脈を考えなければいけない。そこで以下では実際に生の意味にかかわるような言明を行う状況を考えてみよう。またそれと同時に、その言明を発するのが不適切な場合についても考える。

■言明の意味のいくつかのレイヤー

言語の使用の場面を考える際には、一つの発話はいくつかの異なるレイヤーの意味を持つことに注意する必要がある。一つは**記述的な意味**である。これはその発話の文字通りの意味、それが描写している事態であり、典型的には真理条件によって捉えられる。もう一つは発話の**含み**（implicature）である（cf. Davis, 2019）。これは言外に意味されていることを指す。例えば職場で上司から残業を頼まれたときに「今晩は家族と食事にいく予定があって」と答えるとき、それは文字通りの意味の外に「残業はできない」という含みを持つ。もう一つは**表出的な意味**である。これはその発話で言及されている物事に対する話者の評価や感情のことである（cf. Amaral, 2018）。例えば「テストで八〇点も取った」という発話と「テストで八〇点しか取れなかった」という発話は、真理条件という観点から見れば同一の内容を持つが、そこに表れている話者の評価、感情はまったく違っている。この例では「も」や「しか」という言葉が表出的意味を担っているが、表出的意味は口調や表情、状況など、発せられた言葉以外の様々な要因によって表されることがありうる。

例えば「今日の会議は有意義だったね」という言明について考えてみよう。この記述的意味は単純である。それはその会議が何かの役に立った、会議を開く価値があったということを意味している。しかしそれが具体的にどんな役に立ったかはこの言明では触れられていない。会議が何かの役に立つ仕方は様々でありうる。もしそれを知りたければ話者に尋ねる以外にはない。

この言明の含みや表出的な意味も様々でありうる。それは聞き手に対して次の会議にも参加するように誘っているのかもしれないし、会議の主催者や参加者に対する感謝や称賛や労いを表しているのかもしれない。もしそれを知りたければ状況を調べるか、話者に尋ねるべきである。「今日の会議は有意義だった」という発話の意味を考える際には、会議が有意義であることについての一般的な真理条件を特定したり、そのための理論を立てるのはあまり実りのある試みだと思わない。個々の場面での状況に即して、発話者が何をもって有意義と考えたのか、その発話がどのような含意や表出的な意味を持つのかに注目するのが適切だと思う。これと同じことを私は生の意味についても主張したい。

■生の意味を問題にする状況

例えば自分と無関係な第三者の生について「マンデラの生は意味がある、なぜならば……」というように冷静な態度で論評することが実際にあるだろうか？　私にはそのような発話はかなり不自然な、あるいはシュール・リアリスティックなものに思われる。生の意味についての言説がより自然に現れるのは、このような没交渉の他者についての三人称的な語りにおいてではなく、話者と聞き手の少なくともどちらか一方に関係のある第三者についての三人称、あるいは二人称または一人称的な語りにおいてだろう。そこで以下では三人称的な用法は無視して、二人称と一人称について考える（もちろん没交渉の第三者の生の意味についての語りがありえないとまで言うつもりはない。ただ私には自然な用例が思いつかないというだけである)。

二人称で語られる生の意味

生の意味に関わる二人称的言語ゲームの重要な特徴の一つは、それがほとんど不可避的に賞賛や非難などの評価を含んだ言語行為と結びついている、ということである。私たちは相手に怒りや落胆や罪悪感を引き起こさずに、人に「あなたの生は無意味だ」と告げることはまずできない。そしてまた私たちは何か強い感情が私たちにそうさせるのでなければ、わざわざ人にそんなことを告げたりはしない。それは例えば「髪に落ち葉がついているよ」といった言明とは目的も効果も全く異なっている。

生の意味についての二人称的言明は、多くの場合、**相手が自分の義務を怠っていること、周囲の要求に答えていないことに対する話者の感情的な反応の現れ**だ、という可能性を提案したい。

ここで責任についてのP・F・ストローソンの議論(Strawson, 1962)を参照するのは有益である。それは自律性と責任をめぐる伝統的な論争を背景として提示されたものだ。責任についての伝統的な考えでは、人が責任を問われるのは、その人が自律的な意思決定に基づいて意図的に行動を起こしたときのみであるとされる。しかしながら心理学と神経科学が、意思決定と行動に際して人がどれだけ自律的かということに疑いを投げかけるにつれて、人に責任を帰すということがそもそもできるのかということもまた疑われるようになった。ある人は、私たちには自律性はなく、したがって責任を負わせることもできないと考える一方、ある人はそれでも私たちには自律性と責任が何らかの（従来考えられてきたのとは異なる）形で残されると論じた。

ストローソンはこのような論争の背後にある基本的な前提を覆す議論を提示した。彼は人が責任があるかどうかを判断するための基礎になるような条件や理論を探すことそれ自体に疑義を突き付けたのである。そして彼は、私たちが人に責任があると考える時、何らかの外的な基準に基づいて合理的に判断した結果としてそうしているのではなく、その人の行動に対する怒りのような**反応的態度**の結果としてそうしているのだ、と主張した。従って人に責任を帰属するための合理的な条件を探そうと試みるのは間違いであり、人間の自律性を疑わせる心理学的・神経科学的な発見によって責任に関する通常の実践を放棄する必要はない。

おなじような解釈が生の意味をめぐる二人称的言説の多くの部分についても可能（あるいは適切）だ。それは他者の振る舞いに対して反応する私たちの生得的な傾向、あるいは社会化の過程で獲得された傾向の結果として現れ、私たちの人間関係の中に埋め込まれている。私たちは他者を賞賛あるいは非難し、その人が自身の義務を果たすよう、あるいは私たちの期待に応えるよう促すのである。

だとすれば、たとえ私たちが有意味／無意味だとみなす傾向にある生き方や振る舞いに何らかの大雑把な共通の特徴があるにしても、生の有意味さを判断するための一般的かつ正確な条件を特定しようと試みることにはほとんど何の意味もない。それは「お前の母ちゃんでべそ」という罵り言葉の真理条件を考えることに何の意味もないのと同様である。

もし「髪に落ち葉がついているよ」という言明と「お前の母ちゃんでべそ」という言明が、同じ意味理論で扱うべきものではないのだとすれば、「君の生は無意味だ」という言明がどちらのタイプの言明により近いのかは考えたほうが良い。少なくとも**デフォルトで前者のタイプと同一視するべきではない**ことは明らかである。

一人称で語られる生の意味

第二節で紹介したヒューゴとイザベルのやり取りは「自分の生きる意味」に関連している。つまり一人称で語られる生の意味である。私はこれに最も関心がある。第二節で触れたように、それが生きることにまつわる苦悩と密接に結びついているからである。

「自分の生には意味があるのだろうか」とか、「自分が生きている意味が分からない」といった一人称的な問いを、心理学者の浦田悠は「**実存的な問い**」と呼んでいる(浦田、二〇一三)。当たり前のことであるが、実存的な問いを問うとき、人は自らの生に意味があるのかどうかを疑っている。このような心理を浦田は「実存的空虚感」と「実存的空虚観」の二つの尺度に分類する。「感」の方は虚しさや苦悩のような感情的因子に関わる一方で、「観」は例えばニヒリズム的な世界観や人間観のような認知的因子に関わっている(同、三章)。重要なのは、自分の生の意味を疑問視するような心理状態は「不安や鬱、疎外感、自殺未遂など、様々な心理的問題を生む可能性がある」ということである（浦田、二〇一三、一二二頁）。

認知科学者のポール・サガードは、脳神経科学の知見から、人が自分の生に意味を感じられるためには「愛」、「遊び」、そして「仕事」が重要であると述べている（サガード、二〇一三）。逆に言えばこれらの点に関して満たされていると感じられない人は自身の生に意味を見いだせないということである。

これらの研究から示唆されることは、「自分の生に意味はあるのだろうか」、「自分が生きる意味が分からない」という問いは、それを発した人の生にまつわる**深刻な苦しみの表出**だということである。特にそれが他者に向けて発せられた時には、**救いを求める歎願**である可能性もある。従って生の意味への問いは、それが自身の生について問われるとき、決して「虚無の素敵な戯れ」（'the meaning of life' のアナグラム、'the fine game of nil' の村山、二〇一七による訳）ではない。

「私の生には意味があるのだろうか」という問いを発した人は、自分の生に意味があるかどうかを何らかの一般的な基準に基づいて判定してもらいたがっているのではない。その人は虚しさや疎外感に苦しんでおり、そしてその苦しみを知ってもらうことを願っている、あるいは救いを求めているのである。それは「一九〇〇年は閏年だったかな？」のように、確定した一つの答えによって知識を拡張してもらうことを期待する問いではない。

この問い掛けに対しては、おそらくこれが正しい答えだというものは決められないだろう。その場の状況や、問いを発した人とそれを受け取った人との間柄に依存して、適切な反応は異なる。とても親密な間柄であれば、その人が自分にとってどれほどかけがえがないかを言葉にして伝えるのが良いかもしれないし、やさしく抱擁するのが良いのかもしれない。あるいは黙って話を聞くのが良いのかもしれないし、一杯のお茶を淹れて一片のパンを差しだすのが助けになるのかもしれない。ヒューゴのように自分がどのようにして自分の生に意味を見出しているかを語るのも良いかもしれない。しかし何らかの基準に照らして「君の生き方がこれこれの条件を満たしているのであれば、君の生には意味があるよ」と答えることはおそらくほとんどの場合において全く的外れである。

第六節　おわりに

本章では、生の意味をめぐる言説について考える際に、真理条件に訴えて言明を分析するのではなく、語用論的なアプローチを使って、人が生の意味について語る時に、いかなる言語ゲームに興じているのかを考察することを提案した。二人称的に使われた場合、責任に関してストローソンが特徴づけたのと同じ種類の言語ゲーム、すなわち人間関係の中に埋め込まれた反応的態度のやりとりである可能性が示唆された。また一人称的に使われた場合には、実存的空虚についての苦悩の表出、あるいは救いを求める歎願であるという可能性が示唆された。私はこれが生の意味についての言明を理解する唯一正しい方法だとは主張しない。しかし生の意味についての言明の真理条件を特定することが生の意味についての言明を理解するための適切なアプローチだということがデフォルトで前提されるべきではないということは、強く主張したい。

【参考文献】

Amaral, Patrícia (2018) "Expressive meaning", in Liedtke, F., Tuchen, A. (eds) *Handbuch Pragmatik*, J.B. Metzler.

Davis, Wayne (2019) "Implicature", *The Stanford Encyclopedia of Philosophy* (Fall 2019 Edition), Edward N. Zalta (ed.), URL = 〈https://plato.stanford.edu/archives/fall2019/entries/implicature/〉.

Kukita, Minao (2015) "Review of Thaddeus Metz's *Meaning in Life*", *Journal of Philosophy of Life*, 5 (3), pp.208–214.

Metz, Thaddeus (2013) *Meaning in Life: An Analytic Study*, New York: Oxford University Press.

Strawson, Peter F. (1962) "Freedom and resentment", *Proceedings of the British Academy*, 48, pp.1–25.〔邦訳：P・F・ストローソン著、法野谷俊哉訳「自由と怒り」『自由と行為の哲学』（門脇俊介・野矢茂樹編・監修、春秋社、二〇一〇年）所収。〕

ウィトゲンシュタイン、ルートウィッヒ著、鬼界彰夫訳（二〇二〇）『哲学探究』講談社、電子書籍版。

ヴィトゲンシュタイン、ルートヴィヒ著、丘沢静也訳（二〇一五）『論理哲学論考』光文社、電子書籍版。

浦田悠（二〇一三）『人生の意味の心理学――実存的な問いを生むこころ』、京都大学学術出版会。

尾田栄一郎（一九九八）『ワンピース』、五巻、集英社。

サガード、ポール著、無藤隆監訳、松井由佳・松井愛奈訳（二〇一三）『脳科学革命――脳と人生の意味』新曜社。

村山達也（二〇一七）「人生の意味の分析哲学」『現代思想』一二月臨時増刊号総特集「分析哲学」四五巻二一号、二六六〜二八二頁、青土社。


【読書案内】

●エイヤー、A・J著、吉田夏彦訳（二〇二二）『言語・真理・論理』ちくま学芸文庫。

分析哲学の第二世代を代表する論者による論考。論理的に、もしくは経験的に真偽が確かめられる言明以外はすべて無意味であるという「論理実証主義」のマニフェスト的な内容で、当時の哲学界に大きな影響を与えた。エイヤーによれば価値についての言明はすべて話者の気持ちが表出されたものに過ぎず、真偽を問えるものではない。

●三木那由他（二〇二二）『言葉の展望台』講談社。

身近にあるコミュニケーション、言葉遣いの実例を通して人々が言葉を使って何を行なっているのかを深く鋭く分析しつつ、明解に解説している。言語行為論、語用論、分析哲学、言語ゲームなどについても簡潔な説明がある。

第九章　人生の意味論と前期ウィトゲンシュタイン

古田徹也

第一節　前期ウィトゲンシュタインに遡るまで

■前期ウィトゲンシュタインの議論を概観する必要性

現在、いわゆる分析哲学の内部で、「人生の意味」という主題が一定の領域を形成しつつある。ただし、この主題にかかわる議論自体は、それ以前にも散発的に展開されてきた。しばしば分析哲学の源流のひとつに位置づけられるルートウィヒ・ウィトゲンシュタインも、この主題にある意味で積極的に踏み込んだ論者のひとりである。

ウィトゲンシュタインの哲学は、その時期や内容に鑑みて前期と後期に大別されるが、とりわけ前期の時期に展開されている「人生の意味」論は、この主題をめぐる後の世代の議論に大きな影響を与えている。少なくとも、分析系の人生の意味論を検討するにあたって、前期の彼の議論は（正確には理解されていないにしても）多かれ少なかれ踏まえておくべき前提に含まれていると言える。それゆえ本書でもここで、彼の議論に紙幅を割くことになる。

■ウルフとメッツ以来の人生の意味論の特徴

さて、本書でここまで跡づけてきたように、分析哲学において「人生の意味」をめぐる議論がいま一定の盛り上がりを見せているのは、スーザン・ウルフとサディアス・メッツを中心とする論者たちが、この主題へのアプローチの仕方を変えたという点が大きい。

彼らは、過去の哲学者たちによる人生の意味論を吟味しつつ、人が生きること一般の目的や理由を問うのではなく、どのような人生の中身が（複数の人生のなかで、相対的に、より）有意味であるかの規準を示そうとする。彼らは、人生の意味を“meaning *of* life”ではなく“meaning *in* life”という言葉で表記することで、このアプローチの違いを象徴的に示している。すなわち、人生の意味とはそもそも何か（あるいは、人生にそもそも意味はあるのか）とか、人間存在の意味はそもそもいかなるものか、と問うのではなく、我々が人生のなかに意味を見出すとすれば、それは具体的にどのような規準を満たすものなのか、と問うのである。（この点については、先の第一章第二節や、第二章第三節なども参照されたい。）

つまり、ウルフやメッツらが行っているのは、これまで哲学者たちが人生の意味をどう捉えてきたかについて、また、人々が実際に生を営むなかで現にどのような人生に高い価値を認めているかについて、その中身を分析し、比較し、取捨選択や統合や抽象化等を進めていく作業だと言えるだろう。人生の意味論に対してこうしたアプローチを採れば、古来人生に意味を付与する存在として位置づけられてきた神などの超越者について、何ごとかを論じる必要はなくなるかもしれない。また、他の主題に対して行われてきた分析哲学的手法が、「人生の意味」という主題にも容易に適用可能となるかもしれない。この種の見通しこそが、現在の分析哲学の分野において人生の意味論が盛んに論じられるようになった主たる原因だと思われる。

■人生の意味をめぐる二つの相反する見方

ウルフやメッツらによる、こうした新しい枠組みの人生の意味論やその帰結に対しては、当然様々な疑問が生じうる。

たとえば、特定の時代や地域に生きる人々(そこには当然、人生の意味を論じる哲学者たちも含まれる)が有意味な人生をどう捉えているかという直観を特権化して、それをただちに客観的な真理(規準)と見なすことはできないのではないか。あるいはそもそも、有意味な人生や無意味な人生の典型をいくつか想定し、それに適う規準を設定したうえで、その規準に照らして個々の人生のいわば有意味度を客観的に判定する――客観的に価値付与をする――という発想自体に問題があるのではないか。たとえ、周りからは幸福だと見なされ、皆に羨まれる人生を送っている者であっても、自分自身では人生に意味を見出せないとか、自分の人生に何の意味があるのかという疑問がよぎってしまう、といったことはありうるのではないか。

ロシアの文豪トルストイ（一八一七―七五）の煩悶は、まさにその実例と言えるものである。彼は、作家・思想家（あるいは、道徳の教師）としての名声と財産を手にしていたが、彼自身は長く、その名声に何の意味があるのか、という問いに苦しんだ。たとえば、彼はこう綴っている。

……私の著作がもたらしてくれる名声のことを考えながら、私は自分にこう言っていた――〈なるほど、それもよかろう。おまえは、ゴーゴリや、プーシキンや、シェイクスピアや、モリエールや、世界のあらゆる作家よりも有名になるんだな。――だが、それがどうしたというのだ？……〉すると私はもう、てんで何ひとつ返答ができなくなってしまうのだった。疑問は待ってはくれない、すぐにも答えなければならない。もし答えないと、生きてゆけない。が、返答はない。

私は足もとが崩れたような感じがし、立場がなくなってしまい、生きてきた支えが失われ、張り合いもなくなってしまった感じだった。（トルストイ、一九七三b、三五五頁）

なんのために私は生きなければならないか、なぜ、なにかを望み、なにかをしなければならないのか。（同三六一頁）

トルストイのように、善や美という価値に関して多大な足跡を残したと一般に認められ、存命中に多くの人々から尊敬され、さらに、十分な富や、家族からの愛などにも恵まれた生活を送っている者ですら、「この私の人生に意味はあるのか」と問いうる。そうである以上、人生の意味論にはやはり、meaning *of* life という観点、すなわち、人間存在や人生そのものの意味、という観点が必要ではないか、という疑問が頭をもたげてくる。実のところ、ウルフやメッツ以前の人生の意味論は、いかなる人生を歩もうとも生じうる、生きることそれ自体の根拠への不安、実存的空虚、人生の無意味さへの懐疑といったものと背中合わせのかたちで、あるいは、それら自体を問うかたちで論じられてきたとも言えるだろう。

また、人生の意味がいかなる客観的な価値付与とも独立であるとするなら、この問題はそもそも語りうるものなのか、という疑問も生まれてくる。それこそ学問の場で、人生の意味について何か実質的な事柄を語ることができるものなのだろうか。

こうした疑問は我々を、人生の意味をめぐるいま現在の議論状況から、ウィトゲンシュタイン――とりわけ前期ウィトゲンシュタイン――の哲学へと連れ戻すことになる。

第二節　前期ウィトゲンシュタインにおける「幸福な生」

■永遠の相の下に世界を眺める見方――「すべてがあるようにあり、なるようになる」

トルストイの場合がそうであるように、「人生の意味」と言われる場合の「意味」とは、人生のなかで何を成し遂げたか、そこでいかなる価値を生み出し、いかなる地位や名誉や財産や愛などを得たかということとは独立の、何かしらの肯定性でありうる。

ウィトゲンシュタインはこの捉えがたい肯定性を、前期の主著である『論理哲学論考』（以下『論考』と略）とその草稿、「倫理学講話」などにおいて、幸福（Glücklichkeit）という概念に独特の意味をもたせることで輪郭づけようとしている。その道筋を追っていくことにしよう。

まず、彼が探求しているのは、「論理空間」、すなわち、論理的に可能な状況（事態）すべてを一挙に含む無時間的な空間に定位して、言語と世界を捉える見方に立つことである。彼はこの見方を、永遠の相の下に（*sub specie aeterni*）世界を眺める見方と呼んでいる。すなわち、「永遠の相の下に眺められるものは、論理空間全体とともに眺められるものだ」（Wittgenstein, 1961, 1916.10.7）ということである。

そして、この見方の下では、文字通りあらゆる可能な状況が等しく眺められる代わりに、いま我々が具体的に所与の状況から別の状況が生じることを知ることはない。というのも、彼によれば、「因果性が、論理的な推論の必然性のような内的必然性である場合にのみ、我々は未来の行為をいま知りうることになる」（Wittgenstein, 1922, 5.1362）が、しかし、「ある出来事が起こったために、他の出来事が必然的に引き起こされる、という強制は存在しない。存在するのは論理的必然性のみである」（Wittgenstein, 1922, 6.37）とされるからだ。

したがって、世界をこのように眺めた場合、いかなる状況も偶然に成立したりしなかったりするに過ぎない、ということになる。言い換えれば、成立しなければならなかったり、成立すべきだったり、成立する意味のあること、価値あることなど何もない、ということになる。「あれがあったから、いまがあるのだ」とか、「あれによって社会が変わった」とか、「これが今後の人生を左右する」といったことはありえない、というわけである。

> ……世界のなかではすべてがあるようにあり、なるようになる。世界のなかには価値は存在しない。また、仮に存在したとしても、それは価値と呼べるものでは全くないだろう。
> 価値と呼べるものがあるとすれば、それは、生起することども、かくあることどもすべての外になければならない。なぜなら、それらはすべて偶然的だからである。（Wittgenstein, 1922, 6.41）

繰り返すなら、永遠の相の下に世界全体を眺める場合、世界のなかで具体的に生起する出来事は、なんであれ、たまたま、意味なく（＝何の価値も重要性も帯びずに）生起することになる。どんな地位や名誉や財産を得ても、逆に、どれほどのものを失っても、どの出来事にも等しく意味はない、ということである。

■「幸福」＝世界と一致した（調和）した生＝現在のなかの生＝認識の生

では、こうした一見すると寂寥とした見方を採ったときに、「幸福」と呼びうる肯定性はいかにして見出しうるのだろうか。

ウィトゲンシュタインの言う「幸福」とは、何か特定の課題を達成したり特定の問題を解決したりすることにおいて立ち現れる類いのものではない。まして、地位や財産や名誉を得たり、諸々の欲求が充足したり、快楽を得たりすることを指すわけでもない。彼にとって、「幸福な生とは、不幸な生よりも何らかの意味でより調和的」（Wittgenstein, 1961, 1916.7.30）な生のことであり、そして、「調和」というのは、（完全なものとしての）世界との調和、あるいは、世界との一致のことを指している。彼は次のように述べている。

> たとえ死を前にしても、幸福な人は恐れを抱いてはならない。
> 時間のなかではなく、現在のなかで生きる人のみが幸福である。
> 現在のなかでの生にとって、死は存在しない。
> 死は生の出来事ではない。死は世界の事実ではない。
> 永遠が、時間の無限の継続ではなく無時間性と解されるのなら、現在のなかで生きる人は永遠に生きる、と語ることができる。
> 幸福に生きるためには、私は世界と一致していなければならない。そしてこのことが、

「幸福である」と言われることなのだ。
……死を前にした恐れは、誤った生――すなわち、悪しき生――の印の最たるものである。
(Wittgenstein, 1961, 1916.7.8)

論理空間という無時間的な空間に定位して世界を捉える――すなわち、永遠の相の下に世界を眺める――とは、一切をいわば現在形で捉えるということであり、その意味で、「現在のなかに生きる」ということ――言うなれば、永遠の今のなかに生きること――にほかならない。この「認識の生」(Wittgenstein, 1961, 1916.8.13) においては、かつてあったことも、これからあるだろうことも存在しない。すべてのことが一挙にある。それゆえ、現在のなかに生きる者＝永遠の今のなかに生きる者にとって、死は存在しない。この点は、すでに古代ギリシアの哲学者パルメニデスが指摘していたことでもある。

……あるとは、不生にして不滅である
なぜなら、それは全体としてあり、不動で終わりがないのだから
またそれは、あったのでもなく、あるだろうこともない　なぜなら、いま一挙にすべて
一つのもの、つながり合うものとして、あるのだから（パルメニデス、一九九七年、八六頁）

パルメニデスが指摘するように、「ある」というのは常に現在形である。つまり、「あった」のでもなく、「あるだろう」というのでもない。その意味で、「ある」は生起することも消滅することもなく（＝不生にして不滅であり）、推移や終わりもない。そして、「ある」は、あらゆる事物を述語づける（小石があり、海があり、地球があり、太陽系があり、宇宙がある）。その意味で、まさにいま、一挙に、一つの全体としてある。永遠の相の下に世界を直観するとは、このような意味での「ある」ことの直観だと言えるだろう。そして、この直観に従って生きることを、ウィトゲンシュタインは「現在のなかに生きること」あるいは「認識の生を送ること」と呼ぶ。

逆に言えば、これからあるであろう死を恐れることは、そうした現在の生＝永遠の今の生を実際には送ることができていないということだ。その意味で、一つ前の引用にある通り、「死を前にした恐れは、誤った生――すなわち、悪しき生――の印の最たるもの」だとウィトゲンシュタインは語るのである。

■認識の生を送ること＝神の意志ないし運命と一致すること

永遠の相の下に眺めるならば、私という主体は世界（の限界）と一致し、永遠の今のなかに生きるだろう。それゆえ、この認識の生に死は存在しないし、それゆえまた、死を恐れることもないだろう。そして、これが「幸福である」ということの意味なのだとウィトゲンシュタインは述べている。

しかし、この条件文を理解することと、実際にそうした認識の生を送ること——永遠の相の下に世界を眺めること——は別の話である。むしろ、我々は大抵の場合、「こんなことがなければ……」という風に、かつてあったことに思い悩んだり、「こんなことが起こったら……」という風に、これからあるだろうことに希望や恐れを抱いたりして過ごしている。しかし、上述のような「幸福」の意味づけに従うならば、そうした時間的な生は不幸な生であり、悪しき生だということになる。

このようにウィトゲンシュタインは、幸福な生と善き生、それから不幸な生と悪しき生をそれぞれ同一視するわけだが、それにしても、なぜ、世界と一致した生（＝永遠の相の下に世界を眺める生＝永遠の今のなかに生きる生＝調和的な生）こそが幸福な生であり、善き生だと言われるのだろうか。この点に関連して、『草稿』のなかにはさらに「神」や「良心」という手掛かりを見出すことができる。

永遠の相の下に世界を眺めるならば、世界内の具体的な出来事は、私の意志とは全く無関係に偶然生起する。すなわち、「世界は私の意志から独立している」（Wittgenstein, 1922, 6.373）のであって、「世界の出来事を私の意志によって左右するのは不可能であり、私は完全に無力である」（Wittgenstein, 1961, 1916.6.11）。これは言い方を換えれば、「世界は私に与えられている。」つまり、私の意志は完成したものとしての世界に、全く外側から近づく」（Wittgenstein, 1961,

1916.7.8）ということである。この意味で、私は、自分とは独立の世界に依存している、、、とも言えるのだが、ウィトゲンシュタインによれば、このことによって「我々は、ある見知らぬ意志に依存している、という感情を抱く」（ibid.）。そして、その「見知らぬ意志」の担い手、すなわち、「我々が依存するものを、神と称することができる」（ibid.）という。「神はこの意味では、運命そのものであるか、あるいは——同じことだが——私の意志から独立な世界である」（ibid.）。

幸福に生きるためには、私は世界と一致しているのでなければならない、というウィトゲンシュタインの記述は先に見たが、その際に彼は次のようにも述べている。

このとき私は、自分がそれに依存していると思われる、あの見知らぬ意志と、いわば一致している。このことが、「私は神の意志〔御心〕を行う」と言われることなのだ。（ibid.）

つまり彼は、神と運命と世界とを、私の意志とは独立のものとして同一視する。そして、独立であるからこそ、幸福な生と不幸な生という違いが存在しうる。私が永遠の相の下に世界を眺める認識の生を実際に送っている場合には、私は世界と一致し、それゆえ神の意志と——運命と——一致する。それこそが幸福な生である。他方、そのような認識の生を送っていない場合、私の生は、世界（神、運命）と一致していないという意味で、不幸な生である。

■「良心」の位置づけ

ここで我々は、かつて古代ギリシアのストア派がピュシスとロゴスと神と運命とを同一視し、それらと一致した生に幸福を見出したことを思い起こすこともできるだろう。また、完全な幸福とは神的活動たるテオーリア(観想)の生であるという、アリストテレスの規定を想起することもできるだろう。意識的にせよ無意識的にせよ、ここでウィトゲンシュタインは、古代の思想にかなりの程度接近していると言える。

また、彼のこの思考には、トルストイの『要約福音書』(トルストイ、一九七三a)からの確かな影響を見て取ることもできる。というのも、当時ウィトゲンシュタインは『要約福音書』を深く読み込んでいたが、この書においてトルストイは、父なる神の意志は万人の生命であり幸福であること、父の意志を行うことは真の生命を与えること、真の生命は時間を超越した現在における生命であること、などを説いているからである(この点の詳細に関しては、たとえば伊藤(二〇一六)を参照されたい)。

いずれにせよ、前期ウィトゲンシュタインにおけるこうした「神」や「神の意志との一致」といったものの位置づけを踏まえるならば、「良心(Gewissen)」という、一般的には善悪を弁別する能力や誠実さといったものを意味する概念を彼がどう捉えているかも見えてくる。彼によれば、「良心は神の声である、と語ることは確かに正しい」(ibid.)。神の声たる良心に従っている、というのは彼にとって、世界(神の意志、運命)と一致した認識の生を送っているということであって、その意味で、「善／悪」という対概念は、彼においては「幸福／不幸」という対概念に還元されるものとなる。

私は幸福か不幸かのいずれかである。これがすべてである。善悪は存在しない、と語ることができる。(Wittgenstein, 1961, 1916.7.8)

端的に、幸福な生は善であり、不幸な生は悪である――この点に繰り返し私は立ち返る。(Wittgenstein, 1916.7.30)

■「善き意志」と「悪しき意志」

ウィトゲンシュタインは、以上のような「良心」観に基づいて、一九一六年八月一三日付のノートでは次のようにも綴っている。

自分の意志を行為で示す (betätigen) ことができず、その一方で、この世界のあらゆる苦しみを被らねばならないと想定したとき、何がその人を幸福にしうるのか。

この世界の苦しみを避けることができないにもかかわらず、そもそもいかにして人間は幸福でありうるのか。まさに、認識に生きることによって。

良心とは、認識の生を保証する幸福のことである。
認識の生とは、世界の苦しみをものともしない幸福な生である。
世界の楽しみを放棄しうる生のみが、幸福である。
そのような生にとっては、世界における楽しみはたかだか運命の恩寵に過ぎない。
(Wittgenstein, 1916.8.13)

たとえば、文字通り身動きひとつできず、他方でこの世界のあらゆる苦しみを被る人がいるとしよう。そうした、考えうる限り最も悲惨な状況にいる人でも幸福でありうるとすれば、それはどのような場合か。これは、幸福のアプリオリな条件を問うものだと言えるが、この問いに対してウィトゲンシュタイン自身は、上記の引用の後半で、アプリオリな幸福は世界の楽しみを放棄しうる生でなければならないと答えている。

この点を、もう少し詳しく跡づけよう。永遠の相の下に認識の生を送る者は、〈自分の意志によって自分の身体を動かし、世界に影響を与える〉という、日常的な生においては当然視されている因果性と無縁になる。永遠の相の下では世界のなかにいかなる価値も存在しないから、あらゆる楽しみも苦しみも失う。言い換えれば、普段は「楽しみ」や「苦しみ」として捉えている出来事や状況は、たまたま意味なく生起するだけのこととなる。そして、世界に生起することの一切が、神の意志（＝運命）となり、神の声たる良心に従った認識の生を送る私の生も、何が起ころうと——すなわち、どんなに「楽しい」あるいは「苦しい」ことが起ころうと——幸福である、ということになるのである。

「何であれ、君の良心に従って行為せよ」と言うことはできるか。
幸福に生きよ！（Wittgenstein, 1961, 1916.7.8）

この「幸福に生きよ！」という言葉は、生きる意志や自殺しない意志を働かせよという類いの促しではない。すなわち、「幸福に生きよ」は、「生きよ」と言っているのではない。そもそも、生きようという意志によって、その後の時間も生き続けるという結果が必然的に引き起こされる、ということなどありえない。（同様に、自殺しようという意志によって、自殺という結果が必然的に引き起こされることもありえない。）あるいは、そのような意志とは、日常的な意味で言われる意志であって、「善／悪」や「幸福／不幸」という対比においてウィトゲンシュタインが輪郭づける「意志」ではない。

ウィトゲンシュタインは、善き意志や悪しき意志によって世界の限界が変わる——別の世界になる、完全な世界であったり不完全な世界であったりする、幸福な世界であったり不幸な世界であったりする——という（Wittgenstein, 1922, 6.43）。ただしこれは、その言葉上の見掛けとは異なり、世界内で私が行う何らかの活動が何らかの因果的な作用を世界内の事物に及ぼす、ということを言っているのではない。そうではなく、〈意志によって世界は別のものになる〉とは、善き意志の担い手たる主体は世界と一致している一方で、悪しき意志の担い手たる主体は世界と一致していない、という差異の存在を表現している。

世界それ自体は善でも悪でもないと前提されているのだから、「善悪は世界のなかの性質ではなく、主体の述語である」(Wittgenstein, 1961, 1916.8.2) ということになる。そして、主体が善き者であれば、その者の世界は幸福な世界であるということにもなる。すなわち、「幸福な者の世界は幸福な世界である」(Wittgenstein, 1961, 1916.7.29) ということだ。他方、主体が悪しき者であれば、その者の世界は不幸な世界である。〈善き意志や悪しき意志によって世界は別のものになる〉とは、この条件の存在を言い表していると思われる。

第三節　世界を驚くべきものとして見ること

■神秘としての世界――世界が存在することの驚き

前節の後半で跡づけた論点を繰り返すなら、世界が私に与えられているということ、私が世界に依存しているということが、見知らぬ意志に自分が依存しているという感情を私に抱かせる。そして、その見知らぬ意志の担い手を、ウィトゲンシュタインは「神」と呼んでいる。彼にとって「神」とは、私の意志から独立な所与としての世界そのもの、あるいは運命そのものの呼び名である。そして、私が見知らぬ意志と一致していること、すなわち、世界ないし運命と一致していることを、「私は神の意志〔御心〕を行う」と我々は言うのだ、と述べている。

もっとも、この場合の信仰および神（良心の声の主、見知らぬ意志の担い手）とは、キリスト教などの個別の宗教において教義として具体的に輪郭づけられているものだとは限らない。実際、ウィトゲンシュタイン自身の言動や周囲の証言などから、彼は概して、キリスト教をはじめとする特定の宗教に対する信仰をもっていなかったと推察される。

ともあれ、彼はたとえば「倫理学講話」と呼ばれる著作においても、神にまつわる我々の言葉はその種の神秘的な経験を記述する「アレゴリー」(ibid.) だと述べている。とりわけ、世界が存在することに驚く経験、あるいは、世界を奇跡として見る経験について、これが「人々が「神が世界を創造された」と言うときにまさに指していたものだ」(Wittgenstein, 1993, 42) と指摘している。(同様に、何が起ころうと自分は絶対に安全だ、と感じる経験を我々は、「神の御手のなかにある」という言い方で表現し、罪悪感を覚える経験を、「神は認め給わず」という言葉で表現してきた、と彼は述べている。) 関連する点について、彼は『論考』のなかで次のようにも述べている。

> 世界がいかにあるかというのは、より高い次元からすれば全くどうでもよいことである。
> 神は世界のなかにはあらわれない。(Wittgenstein, 1922, 6.432)

> 世界がいかにあるかが神秘なのではない。世界があるという、そのことが神秘なのである。（Wittgenstein, 1922, 6.44）

> 「永遠の相の下に」世界を直観するとは、世界を全体として――限界づけられた全体として――捉えることにほかならない。
> 限界づけられた全体として世界を感じることが神秘なのである。（Wittgenstein, 1922, 6.45）

前期ウィトゲンシュタインにとって、〈幸福な生〉たる〈現在のなかの生〉とは、世界内で何ごとかが生起することではなく、あるがままの世界と一致することであり、その一致は、永遠の相の下に世界を直観することにおいて実現する。そして、その直観とは、限界づけられた全体として世界を感じること、世界を神秘として見ること、世界の存在に驚くことでもある。

■世界の一切を芸術作品として見ること、世界を幸福な眼で観察すること

さらに、『草稿』のなかでウィトゲンシュタインは、この種の驚きを芸術的な驚きとして特徴づけている。

芸術的な驚きとは、世界が存在することである。存在するものが存在することである。
(Wittgenstein, 1961, 1916.10.20)

芸術作品は、永遠の相の下に見られた対象である。そして、善き生とは永遠の相の下に見られた世界である。ここに芸術と倫理の連関がある。

日常の観察方法は、諸対象をいわばそれらの中心から見るが、永遠の相の下での観察は、それらを外側から見るのである。(Wittgenstein, 1961, 1916.10.7)

この引用の最後の一文は次のように解釈することが許されるだろう。たとえば、いま私が目の前の暖炉を観察しているとしよう。そのとき私は暖炉を、たとえば寒い部屋を暖めて、自分を快適にしてくれるものとして見ている。すなわち、道具的な有用性という観点から、観察の対象が因果的に引き起こすであろう状況に関心を向けている。そのように、日常の観察方法において諸対象は、観察者の関心に基づき、(ハイデガー風に言えば)何らかの道具的な連関——種々の道具同士が手段・目的関係で結びつく繋がり——のなかに置かれて、当の観察者自身はその連関の中心に位置づく。これに対して、永遠の相の下での観察とは、世界全体を外側から見るものだ。つまり、個別の具体的な諸対象への関心をもたないかたちで、一切の対象を全体として等しく眺めるのである。それゆえ、この見方においてはどんな対象も、いわば「重み」が等しくなる。言い換えれば、いずれかの対象に特に価値があったり、特に無価値だったりする、ということはない。暖炉が存在することも、石ころが存在することも、等しく、世界が存在することであり、等しく驚くべきこと、奇跡、神秘となる。

> ものは皆それぞれ、数多くのものの中のものとしては同じように意味がないが、しかし世界としては等しく意味がある。
>
> 私が暖炉をじっと眺め続けていて、君にはいま暖炉しか分からないと言われるとしたら、もちろん、私の成果は取るに足らないものであるように見える。というのも、これでは、世界内の無数の物のなかの暖炉について私が詳しく調べているかのように描写されているからだ。しかし、私が暖炉をじっと眺めたとき、暖炉が私の世界であったし、対照的に、他のすべては色褪せていたのである。
>
> ……人は、たんなる現在の表象（Vorstellung）を、完全に時間的な世界のつまらない瞬間的な像としても、それから、影のなかの真の世界としても、捉えることができるのである。
>
> (Wittgenstein, 1961, 1916.10.8)

暖炉であれ、石ころであれ、現在の表象を永遠の相の下に「芸術作品」として捉えるとき、それらはそのまま真の世界として捉えられている。この「芸術的な観察方法」(Wittgenstein, 1961, 1916.10.20)をウィトゲンシュタインは、「世界を幸福な眼で観察すること」(ibid.)とも呼んでいる。そして、「美が芸術の目的である、とするような考えには、確かに何かが含まれている」(Wittgenstein, 1961, 1916.10.21)と述べ、「美とは、まさに幸福にするもののことである」(ibid.)と続けるのである。

■永遠の相の下の見方と日常的な見方との対比

永遠の相の下に世界を直観する認識の生を私が送る、とは、世界内のいかなる表象も芸術作品として見るということであり、幸福な眼で、存在するものが存在することへの驚きをもって見るということである。そのとき私は、〈幸福にするもの〉たる美しいものによって、幸福である。――ウィトゲンシュタインはこの思想を、少なくとも部分的には後年も保持していたと思われる。一九三〇年八月二二日付の以下のメモにおいて彼は、机のなかの自分の原稿が素晴らしいものに見えて高揚したり、逆に、何の魅力も価値もないものに感じられたりする、という友人パウル・エンゲルマンの話に絡めて、次のように綴っている。

〔エンゲルマンの話を受けて、〕似たようなケースがあると、私は彼に語った。「ごくありきたりな日常的な行為をしている人を、その人が自分は誰にも観察されていないと思っているときに観察することほど、不思議なことはないのではないか。芝居を考えてみよう。幕が上がると、誰かがひとりで部屋を歩き回っている。煙草に火をつけたり、腰を下ろしたりしている。すると、我々は突然、普段なら決して見ることのできない自分の姿を見るように、ひとりの人間を外側から見ていることになる。……それは不気味であると同時に、驚嘆すべきもの（wunderbar）でもあるに違いない。……我々は、生そのものを見るのだ。――しかし、我々は確かに毎日そのようなものは目にしているのだが、何の印象も受けない！　実際、我々はそれをそういうパースペクティブでは見ていないのだ。」――したがって、エンゲルマンが自分の書いた原稿を見て素晴らしいと思うとき……彼は自分の生を、神の手になる芸術作品として見ているのだ。もちろんどんな人生でも、どんなものでも、そういうものとして見るならば、観察に値する。しかし、個別のものを我々にとって芸術作品に見えるように描き出せるのは、芸術家のみである。……（いつも私は、例の退屈な風景写真のことを思い出す。本人はその場所に行って何かを経験をしたから、面白いと思って撮ったのだろうが、第三者からは当然、冷ややかに観察される風景写真のことだ。もっとも、物事を冷ややかに観察することが正当であるとしての話だが。）

　ところで、芸術家の仕事のほかにも、世界を永遠の相の下に捉えるもうひとつの仕事があるのではないだろうか。それは――私が思うに――思想の方法である。思想は、いわば世界の上空を飛び、世界をそのままにして何も変えず、飛行の最中に上方から世界を観察するの

である。(Wittgenstein, 1998, 1930.8.22)

ここでは、永遠の相の下に一切を外側から見下ろす見方と、それから日常的な見方とが、二種類のパースペクティブの違いとして並列されているように思われる。その点で、前者の見方で捉えられた世界を「真の世界」とする前期ウィトゲンシュタインの考え方と、この時期の彼の考え方がどこまで同じと言えるかは慎重になる必要がある。とはいえ、永遠の相の下に世界を捉えるということを、人が歩く姿であれ、机のなかの原稿であれ、世界の一切の事物をいわば世界の外側(上空)から、驚嘆すべき奇跡ないし神秘として——芸術作品として——熱狂的に観察することだと理解している点では、確かに共通していると言えるだろう。

第四節　まとめに代えて

永遠の相の下で世界を眺めるならば、すべてはあるようにあり、なるようになる。一切の可能性を一望する眼差しの下では、「後から新たな可能性が発見されることはありえない」(Wittgenstein, 1922, 2.0123)。「それゆえ、いかなる驚きも生じない」(Wittgenstein, 1922, 6.1261)はずだ。しかし、にもかかわらず、この直観においてはある意味では一切が新しいものに映る。そのつど、一切に驚かされる。一切が神秘として、奇跡として捉えられる。「人生には意味がある／意味はない」と言われる場合の「意味」という概念がもつ独特の肯定性の中身としてウィトゲンシュタインの著作から取り出せるのは、こうした事柄だろう。

> 人は人生の問題が消滅したとき、その問題が解決されたことに気づく。
> （長い懐疑の末にようやく人生の意味を悟った人が、それでもなお人生の意味を語ることができないのは、まさにこのことのゆえなのではないか。）
> 言い表しえないものは存在する。それは示される。それは神秘である。（Wittgenstein, 1922, 6.521–6.522）

もちろん、「人生の意味」という概念は多義的であって、人生のなかの真や善や美や幸福といったものと多く重なり合っている。しかし、その総体には尽くされない意味、あるいはその総体を丸ごと反映する意味があるとすれば、それは神秘と言う以外に言い表しえないもの――それゆえ、示される以外にないもの――にほかならない。ウィトゲンシュタインはそのように結論づけたのだと思われる。

そして、こうした彼の人生の意味論は、たとえばメッツによる分類（本書第二章第三節参照）にはどれも当てはまらない。メッツ自身は、ウィトゲンシュタインを超自然主義の立場に数え入れている（Metz, 2013, p.23）。確かにウィトゲンシュタインは、「神を信じるとは、人生の意味についての問いを理解することである」とか「神を信じるとは、人生に意味があることを見て取ることである」（Wittgenstein, 1961, 1916.8.7）などと語ってはいる。しかし、先に確認したように、「神」という概念はウィトゲンシュタインにとってたとえば人格神を意味するわけではなく、むしろ、運命や世界それ自体の比喩として捉えるのが適当である。

また、そもそも彼は、人生のなかの意味を探究していたわけではない。すなわち、具体的にどういう活動や達成が人生をより有意味にするか、という問いに取り組んでいたわけではない。要するに、ウィトゲンシュタインにおける人生の意味論は、メッツの分類から根本的にはみ出るものだということである。

分析系で現在主流となっている人生の意味論では、「私の人生には意味がある」ということの独特の肯定性が取り逃がされるし、その比較不可能性や絶対性も取り逃がされる。そして、ウィトゲンシュタインはまさにこれらの特性に関心を集中させ、人生の意味とは具体的にどのようなものかを哲学が語ることを厳に諌めている（Wittgenstein, 1922, 6.53）。これは彼が、哲学がウルフやメッツのような仕方で人生の意味という問題を扱うことをあらかじめ批判し、その有害さをあらかじめ指摘したものとして見ることもできる。その意味で、『論考』をはじめとする彼の哲学批判は、現在も相変わらず――というより、ますます――有効と言えるのではないだろうか。

【参考文献】

Metz, Thaddeus (2013) *Meaning in Life: An Analytic Study*, Oxford University Press.

Wittgenstein, Ludwig (1922) *Tractatus Logico-Philosophicus*, Routledge & Kegan Paul.（『論理哲学論考』野矢茂樹訳、岩波文庫、二〇〇三年。）

Wittgenstein, Ludwig (1961) *Notebooks: 1914–1916*, G. H. von Wright & G. E. M. Anscombe (eds.), G. E. M. Anscombe (tr.), Blackwell.（『草稿一九一四–一九一六』奥雅博訳、〈ウィトゲンシュタイン全集1〉、大修館書店、一九七五年。）

Wittgenstein, Ludwig (1993) "A lecture on Ethics", in *Philosophical Occasions: 1912–1951*, J. C. Klagge & A. Nordmann (eds.), Hackett Publishing Company, pp.37–44.（「倫理学講話」杖下隆英訳、〈ウィトゲンシュタイン全集5〉、大修館書店、一九七六年、三八一～三九四頁。）

Wittgenstein, Ludwig (1998) *Culture and Value*, revised 2nd ed., G. H. von Wright (ed.), P. Winch (tr.), Blackwell.（『反哲学的断章――文化と価値』丘沢静也訳、青土社、一九九九年。）

伊藤潔志（二〇一六）「ウィトゲンシュタインにおける宗教と生活――トルストイとの関係を手がかりに」『桃山学院大学キリスト教論集』五一、四五～七〇頁。

トルストイ著、中村白葉訳（一九七三a）『要約福音書』〈トルストイ全集〉第一四巻、河出書房新社、二五一～三四四頁。

トルストイ著、中村融訳（一九七三b）『懺悔』〈トルストイ全集〉第一四巻、河出書房新社、三四五〜四〇〇頁。

パルメニデス著、内山勝利（他）訳（一九九七）『ソクラテス以前哲学者断片集』第二分冊、岩波書店。

【読書案内】

●古田徹也（二〇一九）『ウィトゲンシュタイン　論理哲学論考』角川選書。

本章では前期ウィトゲンシュタインにおける人生の意味論のみを概観したが、その背後にある『論理哲学論考』の議論全体の骨組みを知るための一書。

●鬼界彰夫（二〇〇三）『ウィトゲンシュタインはこう考えた――哲学的思考の全軌跡 1912–1951』講談社現代新書。

ウィトゲンシュタインの遺稿全般の生成プロセスを辿る一冊。第三部では、トルストイの『要約福音書』による影響にも触れながら、生をめぐる前期ウィトゲンシュタインの思考が丁寧に跡づけられている。

●山口尚（二〇一九）『幸福と人生の意味の哲学――なぜ私たちは生きていかねばならないのか』

トランスビュー。

幸福と人生の意味、および両者の関係を、多様な角度から探究していく一書。終盤では、両者がともに「超越的」であり「語りえぬ」ものであることの次第を、前期ウィトゲンシュタインの思考を検討しつつ浮き彫りにしている。

※　本章の内容は部分的に、拙論「前期ウィトゲンシュタインにおける「意志」とは何か」（『現代思想』二〇二二年一月臨時増刊号、青土社、二〇二一年、一〇五―一一六頁）および「意志・幸福・神秘――前期ウィトゲンシュタインにおける「倫理的なもの」をめぐって」（『哲学』第七三号、日本哲学会、二〇二二年、八三―九五頁）に基づいている。また、本研究はＪＳＰＳ科研費 20H01175, 22K18446, 23H00558 の助成を受けている。

第一〇章　人生の意味の哲学へ入門することは可能か？

山口尚

第一節　はじめに

この本は人生の意味の哲学への入門書である。じっさい、本書においては前章に至るまで、人生の意味をめぐる哲学的問題を着実に考えることのできる境地へ読者を誘う、ということがいろいろな仕方で行なわれてきた。とはいえ本全体の締め括りとして次の点は考察しておいたほうがよい。そもそも人生の意味の哲学へ入門することは可能なのか。この問いに取り組むことで、人生の意味の哲学のひとつの「深み」を確認できる。

本章の指摘のひとつは、人生の意味の哲学へ入門することはある意味で不可能だ、というものだ。じっさい、私たちは誰も、他人から教えられるだけでは、「ああ、これが人生の意味をめぐる哲学的問題なのか！」と問題の核心部を得心することができない。それゆえ、もし「入門書」という語が〈あるひとが別のひとびとをして特定の事柄を理解せしめる〉というタイプの書物を指すのであれば、人生の意味の哲学には入門書は存在しないことになる。じっさい、本章で踏み込んで論じられるように、人生の意味をめぐる哲学的探究の最深部へは、ふつうの意味で「ストレートに」入門することは可能でない。本章の中心的主張をテーゼ化して述べれば次である。人生の意味の哲学については、少なくともその最も深い場所へ読者を直接誘うような入門書は存在しえない、と。

ではいったい本書は何であるのか。私自身は、本書が、あるいは少なくとも本書のいくつかの部分が、読者にとって人生の意味の問題の最も深い場所へ到達する機縁となるものだ、と考えている。とはいえ、《人生の意味の哲学にはふつうの入門書は無い》という前段落の（これから説明されるべき）指摘を踏まえると、次のように言わざるをえない。すなわち、本書はふつうの意味の入門書ではない、と。仮にこの本が何かしらの意味で「入門書」と見なされうるとしても、それはたいへん特殊なタイプの入門書である以外にないのである。

こうした指摘を行なう意味は何か。いったい、《人生の意味の哲学へ入門することはある意味で不可能だ》や《本書はふつうの意味の入門書でない》と述べることで、何が得られるのか。それは〈人生の意味をめぐる哲学的問題のより深い理解〉である。じつに、これも本章で踏み込んで論じられるように、人生の意味をめぐる哲学的問題には無視できない特殊性が具わっている。この特殊性は、一方でこの問題をまさしく哲学的なものにしているのだが、他方で同時にその問題へのストレートな入門の道を塞ぐものでもある。人生の意味の哲学のこうした特殊性を確認することは、そこで考察される問題の核心部をより深い仕方で理解することにつながるだろう。要するに本章の目標は次だ。すなわち、《人生の意味の哲学がどのような意味で入門不可能なのか》を説明することを通じて、人生の意味をめぐる哲学的問題のより深い理解を目指す、と。

本章の議論は以下の順序で進む。はじめに、〈他人から教わることの不可能性〉という事態がどのようなものかを確認するために、いわゆる独我論の問題を考察する（第二節と第三節）。そのあと、人生の意味をめぐる根本的問題には独我論の問題と似たところがあることを指摘し、《人生の意味の哲学へはふつうの意味の入門書がありえない》というテーゼの意味を明らかにする（第四節）。そのうえで、人生の意味をめぐる問題の特殊性をいくつか押さえ、この問題へのしかるべき向き合い方を彫琢する（第五節と第六節）。

第二節　理学部の某友人の悩み

はじめに掴むべき事柄は、他人から教わることができない問題がある、という事実だ。たしかにそうした問題も、他人の言葉をきっかけとして、それゆえある意味で他人から「間接的に教わる」ということは可能である。とはいえ世の中には他人から決して直接的には教わることのできない問題がある。本節と次節では——それが人生の意味をめぐる問題とどう関わるかは後で説明することにして——とりあえずその種の問題の実例を見る。

私がまだ若かったころのことだ。私は理学部の某友人（以下Xと呼ぼう）と喫茶店で会話していた。そのとき彼は物憂げな表情を浮かべ「世界はぼくの心に現れる心像にすぎない」と言った。そして以下のように続けた。

ぼくに見えるこの世界はすべて脳の神経の活動が生み出した一種の幻に過ぎない。じっさい、そうだろう。素朴なひとは、例えば眼前にリンゴが置いてありその表面を反射した光が自分の網膜に届くときだけリンゴが見える、と思っているが、よくよく考えればそんなことはない。たとえ眼前にリンゴなど置いていなくても、あるいはそこにまったく別の何かがあったとしても、何かしらの物理的操作で脳の神経ネットワークを一定の状態にすれば自分にはリンゴがあるように見える。だから、リンゴが見えるかどうかには、あるいはより正確には、「リンゴ」と呼ばれる心像がぼくに対して現れるかどうかには、ぼくの心の外部にじっさいにリンゴがあるかどうかはかかわらない。何が見えるかは脳神経状態によって決まる。そしてこうなると次のように言わざるをえない。ぼくがこれまで見てきたものはすべて、心の外の対象それ自体ではなくて、ぼくの脳が作り出した心像という幻影や錯覚に近い何かなのだ、と。

Xは滔々と語った。私は口を挟まずに傾聴した。なぜなら、言っていることに納得するかどうかは別として、彼が真正な哲学的問題に向き合っていると思われたからでもある。私は黙ってコーヒーをすする。Xはさらに次のように続ける。

リンゴも、ここにあるテーブルやカップも、すべてぼくの心に現れる心像にすぎない――この点に気づいてからしばらくして、ぼくはさらなる問題に直面することになった。それは、もし一切が心に現れるものに過ぎないとすれば、ふだんぼくが「存在する」と思っているもの（すなわちリンゴやテーブルやカップや他人）はじっさいには存在しないのではないか、という問題だ。じっさい、ぼくが見たり聞いたりするものはすべてぼくの心に現れるものだと言わざるをえない。となると一切は、あるいは少なくともぼくが出会うところの一切は、ぼくの心の中の出来事であって、ぼくはぼく以外のものと出会うことはないのではないか。この点が疑われるようになってからは、ぼくは自分の心の内部に閉じ込められているような気分だ。そしてひとりぼっちの孤独感で苦しい。ぼくにとっては、話を聞いてくれている君もまた、自分の心の内部の幻影にすぎないのかもしれない。何とかして自分の心の外のものに到達したいのだけれど、どうしたって無理なんだ。というのも、「これは自分の内部で作り出された何かではない」と思われるものに出会うことがあっても、ただちに《いや、やはりこれも心の内部の出来事にすぎないかもしれない》という疑念がそれを上書きしてしまう。要するに、ぼくはいま《一切は自分の心の中の事柄であり、世界はぼくの心に現れる心像であり、この世にはぼく独りしかいない》という考えに憑かれているのである。そして途方に暮れている。

Xが陥っている問題は複数あると思われるが、ひとつを抽出すれば、彼は《自分は自分に現れる心像としか出会うことができず、一切は自分の内側の事柄であり、自分はひとりぼっちだ》という孤独の問題に直面していると言える。これはときに「独我論」、より限定的には「観念論的独我論」と呼ばれるものだ。当時の私はXの苦しみに対して何もしてあげられなかったが、現在の私が彼の悩みを聞いたとしても状況はたいして変わらないだろう。独我論はいわば論理の袋小路であって、理屈だけでそこから抜け出せるものではない、と思う。

いずれにせよ確認しておきたいことは、当時の私はXの話を聞いて「なるほど、独我論は真正な哲学的問題だ」と知った、という点だ。それ以前の私もこの問題について漠然と知っていたかもしれないが、《それが真正の、ある意味で向き合うことを避けられない問題だ》と確信したのはXの言葉のおかげである。じっさい、私が出会うものは、すべて私の内部の心像と見なされうる。だが、そうなると、私と外界の事物との出会いは失われ、私はいわば「閉じた内界」の中で独りぼっちになる。ここからいかにして抜け出しうるのか。

――じつを言えば以上のエピソードはフィクションである。喫茶店でXの話を聞く、などの出来事はなかった。とはいえ似たようなことはあった。すなわち私は、別のシチュエーションで或るひとから独我論をめぐる話を聞き、それが真の問題であることに気づかされた。しかしながら、誰かの話を聞いて独我論の問題を理解する、という事態には無視できない「矛盾」が含まれる。次節ではこの点を解きほぐしていこう。

第三節　ひとはどのような仕方で独我論の問題へ向き合うようになるのか？

以下の結論を先に述べれば次だ。独我論の問題は他人から教わることができない、と。前節の冒頭で《他人から教わることのできない問題がある》と述べたが、じつに独我論の問題こそがその代表である。だがなぜこの問題は他人から教わることができないのか。この問いに対して、本節では、複数のステップを踏んで回答しよう。

独我論の問題を他人から教わる、という事態に何か「筋の通らない」ところがあるという点は容易に指摘できる。じっさい、もし独我論の問題が《自分以外のものが存在せず、自分は独りぼっちで苦しい》という問題だとすれば、これを悩む当人にとっては他人が存在してはならない。言い換えれば、他人の存在を認める者は独我論の問題へ本当の仕方で陥ってはいない、ということだ。なぜなら、《一切は自分の心の中の出来事であり、あらゆることは自分の内部で生じる》と文字通り悩む者にとっては、過去・現在・未来にわたっていかなる他人も存在しないからである。かくしてここには問題を教えてくれる他人もいない。こうした点に鑑みれば、独我論の問題を他人から教わるという事態に何かしら「不整合な」ところがあることが察せられる。

前段落の指摘はいまだフワッとしたところがあるので、要点を抽出していく必要があるだろう。押さえるべきは、他人が独我論について語る言葉を文字通り受け取るだけでは、決して独我論の問題を理解することはできない、という点だ。言い換えれば、他人の言葉において語られる独我論と、自分が真に理解した独我論とは、決して同じものでありえない。そして、他人の語る言葉を文字通り受け取る境地を超えた場合にのみ、独我論はそれとして理解されるのである。具体的に考えてみよう。

Xは私に向かって「一切は自分の心の中の事柄であり、自分は独りぼっちだ」と苦しそうに言う。このとき、もし私が《Xは自分が独りぼっちであることを苦しんでいる》と解するならば、すなわちXの言葉を文字通り受け取るならば、却って私は彼の直面する問題を正確に理解していないことになる。むしろ——核心部へ一足飛びで踏み込めば——私が〈独りぼっち〉の境地に自ら立って、《そもそも悩んでいるXなど存在しない》や《このように語っているように見える「X」と呼ばれる何かも自分に現れる心像にすぎない》と認める場合にのみ、私は独我論をその真正な形で理解しうる。すなわち、これまでもXなどは存在しなかったし、それゆえXの言葉なども無かった、と考える境地に立つ場合にのみ、逆説的に「Xの言葉」は正確に理解される。このように、私がXの言葉を文字通り受け取るだけにとどまる限り、私は彼が言いたいこと（すなわち独我論の問題）を理解することはないのである。

同じポイントはさらに踏み込んで説明できる。じつに、独我論の問題は〈世界全体を特定の観点から見る〉という側面をもつのだが、まさにこのためにそれは〈他人から言葉でもって教えられる〉という事態を不可能にする。ここでのキーワードは「世界」と「観点」である。敷衍すれば以下のようになる。

第一に独我論の問題は世界のあり方全体にかかわる。というのも独我論の問題へ本当に陥ったひとは〈自分以外に誰もいない独りぼっちの世界〉を生きることになるからだ。かくして、Xやその他のひとが存在することを認め続けたままで、すなわち日常のコミュニケーションが前提する通常の世界観を維持したままで、私が独我論の問題をそれとして理解することは可能でない。第二に独我論の問題は、それを自ら生きる観点に立たねばそれとして理解できない。じっさい、そもそもXはこの問題を〈私やその他のひとびとも直面しうる問題〉として提起していない（なぜなら、そのようなものとして提起するには、X以外の他者たちが存在することがX自身によって認められている必要があるから）。むしろXは独我論を自ら生きており、このようにして捉えられた問題こそが（そして根本的にはそれのみが）彼にとっての問題である。それゆえ、Xが苦しんでいる事柄を私が真に理解しようとするならば、私は私自身の観点から問題それ自体を生きる必要があるのである。そして、その場合、そもそもXなどいなかったことになる。

では、前節において「Xが私に独我論の問題を教えてくれた」と記述できるようなエピソードを紹介したが、これはどう理解すべきか。いったいそこでは正確に何が起こっていたのか。この問いへはいまや次のように答えられる。

たしかに《私が独我論の問題を真に理解したこと》のきっかけは、ある意味で、Xの言葉である。だがそのさい私は、Xの言葉を文字通り受け取ることをやめることによって、その問題を真に理解するに至ったのである。なぜなら、Xの言葉を文字通り受け取り続ける限り、《当該問題はXが陥っている問題だ》とか《私にとっての他人であるXが存在する》なども認められ続けることになり、これによって私が独我論の問題を真に理解する観点に立つことは妨げられるからだ。

かくして、私に独我論の問題を教えたのはXの言葉である、とは言えない。なぜなら――要点を繰り返せば――「Xの言葉」というのを文字通り解釈する観点においては、私は独我論の問題をそれとして理解できないからだ。より一般的には、独我論の問題はいかなる他者からも教わることができない。こうした〈入門的な導き〉がそもそもありえないという点を把握することが、独我論の問題をそれとして理解することには含まれるのである。

以上が《独我論の問題は他人から教わることができない》という指摘の意味である。核心的なポイントのひとつは、独我論の問題はそもそも複数のひとで論じ合える問題ではない、とも表現できる。というのもこの問題を理解する観点に立つことは《論じられている事柄が複数のひとで共有し合える》というコミュニケーションの前提を破壊することを含むからである。かくして独我論の問題の核心的な理解は、他者からは与えられえない。その理解は――この点についてはもはや正確に記述する言葉がないが――「自分の脚で跳躍して飛び込む」といった仕方でしか得られない。このように独我論の問題は〈他人から教わる〉という入門的導きの可能性を除去しているのである。

第四節　人生の意味の哲学への入門の不可能性

ではは人生の意味をめぐる哲学的問題へ戻ろう。本節の指摘は次。すなわち、この種の問題のいくつかは他人から教わることが可能だが、その最も深奥の問題についてはふつうの入門的導きはありえない、と。とはいえこのように予告されれば《最も深奥の問題とは何か》が気になってくるかもしれない。それは、前もって形式的に告げておくと、自分の生きる世界が全体として無意味へ落ち込むという「グローバルな」ニヒリズムの問題だ。ここではもはや《怠惰に暮らしているひとよりも何かに努力しているひとの生のほうが有意味か》などの「ローカルな」比較の問題は後景に退き、《はたして私の生は、私の世界は、何かしら意味があるのか》という絶対的な事柄が問われる。そしてこの問題は——いまから確認するように——他人から教わることができない。

以下、はじめに前段落で形式的に告示したグローバルなニヒリズムがどのような問題かを説明し、そのあとで《これがふつうの入門的導きによっては学ばれない》という点を確認する。これによって本節冒頭に掲げたテーゼ、すなわち「人生の意味の哲学へ入門することはある意味で不可能だ」の意味が理解されるだろう。

ではいまから人生の意味の哲学的問題のうちの最奥の問題（と少なくとも私が考えるもの）を説明する。ただし——私のやろうとしていることの無視できない矛盾的側面だが——あらかじめ、この問題が私からあなたへふつうの意味で「教えられる」ことは不可能だ、という点は注意されたい。この問題に入門的導きはない（じつにこれこそが本節後半の指摘だ！）。それゆえあなたは、自分の脚で跳躍し飛び込むことでその問題をつかむしかない。私の以下の言葉はせいぜいそのきっかけに過ぎない。

さて、私はもう長いあいだ人生の意味の問題に苦しんでいる。おそらく私も人生のある時点まではこうした問題に悩まずに、日常の内部の禍福に一喜一憂しながら全体としては「朗らかに」生きていたはずだ。とはいえ私はいつしか私の生きる世界全体を眺め、《いったいここに究極的な、絶対的な意味はあるのか》と問うようになった。この問いは、ある意味で、地獄への扉だ。なぜなら、まさにそのように問うことによって、私の生きる世界の根本的な無意味さが気づかれるからである。よくよく考えれば、世界がこのようにあることには何の意味もない。それはただ在るだけであり、「頑張って生きたところで何になるのか」という問いへは無言でもって応える。そして、頑張って何かを成し遂げても、それはただそれだけのことに過ぎない。あるいは、お金を稼いで欲しいものを買おうと、研究において新たな発見を行なおうと、多くのひとから称賛される作品をものしようと、それもただそれだけのことに過ぎない。すべては空しい。——こうした《一切は根本的には無意味だ》という世界とどう向き合って生きるのかという問いがグローバルなニヒリズムの問題である。

《どのような仕方でひとはこの問題に陥るのか》については興味深い分析がある。例えばアメリカの哲学者トマス・ネーゲルによると、一定の前提から論理的に導き出すという仕方ではなく、むしろ世界をある眼差しのもとで眺めるという「非論証的な」仕方によって、ひとはこの問題に陥る。すなわち、世界をいわば「一歩退いた」視点から眺め、一切をただ在るに過ぎないものと見ることによって、さらにはそうした見方から離れられなくなることによって、ひとは〈一切の根本的無意味〉という問題に陥る。このようにグローバルなニヒリズムの問題には《世界全体をどのように見るか》が関わる。したがってそれは決して言葉の理屈のみで十全に説明できるものではないのである〈ちなみにここでネーゲルを引用するのは〈ひとが世界全体の無意味へ直面するさいのメカニズム〉の分析を参照するためである——そして無意味および不条理の問題へのネーゲル自身の対処は、本章で叙述される対処とはだいぶ異なる)。

以上が人生の意味をめぐる哲学的問題の最奥部の紹介であるが、そこではすでに《これは他人から教わることができない》という点が示唆されている。なぜなら、たったいま述べたように、この問題は言葉の理屈だけで説明し尽くせるものではないからである(じっさい、この問題をそれとして理解するには、一切を無意味と見る視点に自ら立つという非論証的な一歩が必要になる)。とはいえ《グローバルなニヒリズムについて入門的導きがありえないこと》はさらに別の角度から詳解することができる。以下、三つのステップに分けて確認しよう。

第一に押さえるべきは、グローバルなニヒリズムにおいては私にとっての世界全体の無意味さが問題になっている、という点だ。なぜこの点が重要かと言えば、この種の無意味さ(すなわち私にとっての世界全体の無意味さ)をそれとして理解しうるのは私しかいないからである。そして、私以外の他者はこの無意味さをそれとして語ることができず、他人は決して私へこの無意味さを教えうる立場にたてない。むしろ、独我論の問題が自分の脚で跳躍して飛び込んで得心するしかなかったように、グローバルなニヒリズムの問題も自ら一定の視点を採ることによって把握する以外にないのである。

第二に、以上の議論にはいわゆる一人称および二人称というコミュニケーション的なカテゴリーが関わっているが、その関わり方はふつうよりも微妙だ、という事実は押さえる必要がある。例えば——まず一人称／二人称の区別を通常の事柄に即して確認すれば——私にとっての「私」は私であり、私にとっての「あなた」はあなたであるが、あなたにとっての「私」はあなたであり、あなたにとっての「あなた」は私である。このように、粗っぽく言えば、一人称／二人称は適宜ひっくり返すことができる。とはいえ、グローバルなニヒリズムを他人から「教わる」さいに生じている「反転」は、これよりも微妙なものだ（それゆえ問題的である）。すなわち一方で、通常のコミュニケーションにおいて、私が「私」で指す対象（すなわち山口尚）は例えば「山口尚」といった誰でも使える名前で指すことができる。じっさい、私は「山口尚」という名前で山口尚を指すことができ、あなたも同じ名前で同じ人物を指すことができ、私たちが同じ対象について語り合っていることも確認できる。他方で、私が「私にとって世界全体が無意味だ」と述べるとき、あなたは私が向き合っているものをそれとして語る語彙を有さない。なぜなら、あなたはあなた自身の世界を生きており、私の生きる世界を語ることはあなたにとって原理的に不可能だからだ。以上を踏まえると次のように言える。すなわち、グローバルなニヒリズムを他人から「教わる」さいの飛躍は決して通常の文脈の〈一人称／二人称の反転〉と同化されえない、と。

なぜならこの種のニヒリズムの問題は《私とあなたが同じものを語ることができる》という境域を超出しているからである。

ここから第三の点として、グローバルなニヒリズムの問題も複数のひとで論じ合える問題ではない、という点が確認できる。なぜなら——前段落で指摘したように——あるひとの直面する世界全体の無意味さは、決して他のひとにはそれとして直面することができず、さらには他のひとが言葉によって指し示すことすらできないからである。このように人生の意味をめぐる最奥の哲学的問題は、通常のコミュニケーションの次元（すなわち、みなが同じものを指し示しながら、それについて議論する次元）に属さない。そしてこのことも《人生の意味の哲学へ入門することはある意味で不可能だ》と言わざるをえないことの理由である。私以外の誰も、私にとっての世界全体の無意味の問題を発見できない。それゆえ、私以外の誰かが私にこの問題を教える、という可能性は閉ざされているのである。

第三の点をいま一度敷衍しよう。押さえるべきは、公共的な言葉で語られうる「存在全体」の意味をめぐる問題と、ここで言われる人生の意味をめぐる最奥の問題とは同じでない、という点だ。たしかに私たちは互いに理解し合える言語において「この世界全体は何の意味があるのか」と問いうる。そしてこうした問いは十分に可能だ。だがこれは私の生きる世界の無意味さの問題とは区別されねばならない。そして、これらが異なることを得心することが、人生の意味の最奥の問題（と本章が呼ぶもの）を理解するための重要な一歩である。じっさいこの点にこそ当該問題が「最奥」や「最深」と形容される所以が存する。なぜなら私の生きる世界の無意味さをめぐる問題こそが、他ならぬ私自身の、そして私だけの問題だからである。この問題へは私以外の誰も向き合えない。いや、そもそもこの問題を名指しうる他者はいない。これと向き合う者は孤独になる。

まとめよう。本節で指摘されたことのひとつは、人生の意味をめぐる哲学的問題のうちには独我論の問題と似たところをもつものが存在する、という事実だ。いや、より正確に言えば以下のようになる。すなわち、人生の意味をめぐる最深の哲学的問題(とされたグローバルなニヒリズムの問題)は、独我論的な境地で向き合われる問題である、と。なぜなら、自分の世界が全体として無意味であることに対峙するとき、〈それと対峙する〉という営みは決して自分以外の誰にも代替できないものになっているからだ。もちろん、人生の意味をめぐる問題は独我論の問題そのものではないので、前者が悩まれるさいにも他者の存在は全否定されていない。とはいえ、グローバルな無意味な問題になるとき、そうした他者は自己と同等のものでなくなる。なぜなら他者たちはみな、自己が直面するものと同じ問題を考えうる「代替的な自己」ではなくなるからだ。かくしてここでは自己と同じ地位の他者が消滅する。けっきょく、人生の意味をめぐる最奥の問題は、独りで向き合わざるをえないものである。それゆえこれと格闘する者は本質的に孤独だと言える。

第五節　人生の意味の哲学をより深く理解することへ向けて

前節で《人生の意味をめぐる哲学的問題は少なくともその最奥部にかんして入門的導きを有さない》と指摘された。この議論でもってイントロダクションで予告したことの一部を回収したことになる。前節の指摘を踏まえると、本書がたいへん特殊なタイプの入門書であることも分かる。なぜなら、本書は読者をして人生の意味の哲学へ「入門」せしめることを目指しているが、その核心部において《読者が自分の脚で跳躍すること》を期待しているからだ。人生の意味をめぐる最深の哲学的問題は、自らが全身で飛び込むことではじめてそれとして理解される。その問題をそれとして理解するやいなや、世界はニヒリズムの陰鬱さに占拠されるだろう。それゆえ人生の意味をめぐる哲学的問題の最奥部を理解することにはある種の苦悩が伴う。とはいえ場合によっては、ひとはそれに陥らざるをえない。だから私たちはそれについてさまざまな角度から論じる。それが何になるかは前もって分からないが、敢えてそれを選びそれを行なう。

「はじめに」で予告したことでまだ回収されていない話が残っている。それは、人生の意味の哲学へ入門することの（ある意味の）不可能性が確認されれば、このフィールドのより深い理解が得られる、という点だ。以下、これについて説明していきたい。はたしてここまで述べられたことから人生の意味の哲学にかんして何が明らかになるのか。おそらく言いうることは多いだろうが、ここでは特に大事と思える三点をとりあげたい。本節でふたつを見て、残りのひとつを次節で確認する。

第一に指摘できるのは、人生の意味をめぐる重要な哲学的問題は世界のあり方全体にかかわる、という点だ。もちろん人生の意味はさまざまな仕方で問題になりうる。例えば《怠惰に暮らしているひとよりも何かに努力しているひとの生のほうが有意味か》が考察されるとき、そこでは世界の内部の個別の事柄にかんして有意味性が問われている。とはいえこれとは次元を異にする問題がある。ウィーン出身の哲学者ウィトゲンシュタインは「幸福な人の世界は不幸な人の世界とは別の世界である」と言ったが（ウィトゲンシュタイン、一九七五、六・四三、一一七頁）、このように《世界全体がまったく異なる仕方で現れる》という事態が人生の意味をめぐる問題においては生じうる。私にとっても、「朗らかに」生きていたころの世界と、無意味と向き合うようになった後の世界とはまったく異なる。このように、世界全体が変貌し、変わってしまった世界において問題と向き合う、というところが人生の意味の哲学においては生じうるのである。

以上の点は「相貌（アスペクト）」の概念を使って敷衍できる。じつに人生の意味をめぐる最奥の哲学的問題は、世界の構造にかんするものではなく、むしろ世界の相貌にかんするものだ。一般に、つくり（構造）が同じ対象についても、あなたと私はそこに異なる相貌を見てとりうる。例えば同じ顔があるひとには嬉しそうに見え、別のひとには悲しそうに見えることがある。たしかにあなたと私はある意味で「同じ世界」に生きており、この世界の客観的構造について公共的な言葉で語り合うことができる。とはいえあなたの生きる世界と私の生きる世界は相貌において異なる。そして「朗らか」だったころの私の世界とその後の私の世界も相貌において異なる。人生の意味をめぐる最奥の問題においては、このような意味の「世界のあり方」あるいは「世界の現れ方」が問題になっている。そしてそれを公共の言葉で語ることのできない理由はこのあたりにも存する。要するに、世界は（何かしら公共的な意味の）「有意味性」につながる構造をもつかという問いは公的な言葉で問われうるが、私にとって無意味な（あるいは無意味の問題をもたらす）相貌をもつ世界とどう向き合って生きるかという問いは私以外にはそれとして問われえないのである。それゆえ、あらかじめ触れたことだが、〈この問いをあなたへ説明しようとする本章の企て〉は根底において自己矛盾的だ。だからあなたは、私の言葉を文字通り受け取らないことによって、私の言わんとするところを自ら見出さねばならない。

第二に――前節の最後に触れたが――《人生の意味の問題へ向き合うことは本質的に孤独な営みだ》という点も強調しておかねばならない。なぜ孤独かと言えば、前節で説明したように、自分が直面する〈世界の無意味さ〉の問題は自分以外の誰もそれとして向き合うことができないからである。それゆえ、この問題にかんしては、誰も助けてくれない（すなわち文字通りの「代行」は原理的に可能でない）。自分で考え、自分なりの言葉を紡ぎ、自分の仕方で対処するしかない。私も究極的には他人をあてにしてはいない。とはいえ、明言しておきたいが、私にとってこの問題が根本的には理解できないにしても傍にいて何かをしている他者の存在にはありがたいところもある。とはいえ、最終的には自分で何とかせねばならない、という状況は変わらない。

以上の指摘は本書が行なっていることの「ふつうでなさ」をさらなる角度から露わにするだろう。なぜなら、たったいま述べられたように《人生の意味の問題へは根本において独りで向き合わざるをえない》と言えるのだが、本書では複数の人間がこの問題を侃々諤々論じているからである。いったいこの点をどう理解すればよいのか。おそらく、人生の意味の最奥の問題を考察するにあたっては、一切の他者の言葉はきっかけ以上の役割を有さないだろう。それゆえ本書は、全体としては、「きっかけの書」と言えるかもしれない。この意味でも本書はふつうの意味の入門書（すなわち例えば普遍的に受け入れ可能な理路を提供するテキスト）ではない。それゆえこの本のどこにもあなた自身の答えは見出されない。とはいえ、あなたが自分で自分の考えを深めていくさいの、思索のきっかけが見出される可能性はある――これが本書の正しい使い方だと思う。

同じ点を敷衍しよう。人生の意味の問題に自ら悩むひとのうちには《他人の言っていることがことごとく納得できない》と苦しむひとがいるかもしれないが、それはむしろ当然の苦しみである。なぜなら、自分の生きる世界の無意味さの問題への向き合い方が誠実になればなるほど、〈他人の言葉の役に立たなさ〉が自覚されるからである。そうしたひとにとっては私の言葉も究極的には「空回り」する空言だろう。けっきょく、人生の意味をめぐる最奥の哲学的問題を考察するさいには、他人の言葉が役に立つとしても、それは「文字通り受け入れる」以外の仕方でである。あなたは、他人の言葉に頼らず、他人の言葉を超えて、自ら考えねばならない。だから《他人の言っていることが腑に落ちなく辛い》と感じているひとはたぶん正しい道を進んでいるだろう。もちろん「正しい道を進んでいる」からといってそこに何か意味が見出せるわけではない。だがいずれにせよそれは正しいのである。

第六節　ツァラトゥストラの生き物たちと手回し風琴

ここまでの議論を振り返ろう。独我論をめぐるイントロ的な考察のあと、第四節で本章の中心的テーゼ――すなわち「人生の意味の哲学へ入門することはある意味で不可能だ」というテーゼ――の意味を説明した。そのあと第五節（前節）において、このテーゼから引き出すことのできる人生の意味をめぐる哲学的問題の特徴をふたつ指摘した。そしてそこから引き出せる重要事は少なくともあとひとつ残っている。本節（本章の最終節）ではその第三の点について詳解する。

さて第三の点だが、人生の意味をめぐる最奥の問題は自己にのみ向き合いうる問題である以上、何かしらの「解決」や「解消」が得られたときにもそれを他者へ直接伝えることはできない。じっさい、あるひとの「解決」や「解消」が言葉でもって他者へ告げられるときには、十中八九それとしては解されない。とはいえ、あるひとの言葉が示す何かに、別のひとが触れる、ということはありうる。段階を分けて説明すれば以下である。

はじめにドイツの哲学者ニーチェを引き合いに出したい。この人物は、例えば「それぞれの魂は、それぞれの世界をもっている」（ニーチェ、一九七三、三五〇頁）などと書いていることからも示唆されるように、（他者ではなく）他ならぬ自己および自分の生きる世界を問題にする。この哲学者の思想として最も有名なもののひとつは「永劫回帰」だが、これは人生の意味をめぐる問題にも関係する。では永劫回帰とはどのような思想か。そしてそれと人生の意味の問題との関係はどのようなものか。

「永劫回帰」という術語それ自体は、形式的に言えば、あるタイプの〈世界の構造〉を記述するものと解釈できる。すなわち、完全にそっくりの出来事が永遠に繰り返している、という構造をもつ世界が「永劫回帰」の世界である。ここで自然に想定されるだろうモデルをより詳細に特定すれば、第一に世界は過去方向へも未来方向へも無限の時間を具えるとされ、第二にこの時間の中でいわゆる「質的に同一の」出来事が同じ並びで繰り返し生じている。かくして――ニーチェ自身が明示的に述べているわけではないが、このモデルから論理的に導出できることとして――世界の無限の時間はいわば「区切り（ピリオド）」に分けられる。すなわち、ひとつのピリオドが終われば、それと中身を質的に同じくする別のピリオドが開始する、そしてこうした継起が無限に繰り返される、ということだ。ここから引き出されるさらなる帰結は次。永劫回帰の世界におけるどのピリオドのどの出来事にかんしても、それに先立つ「無限個」のピリオドの各々のうちに質的に同一の出来事がある、と。より分かりやすく言えば、永劫回帰の世界においてはどの出来事にかんしても、それと完全にそっくりの出来事がすでに「無限回」生じている、となる。《私たちの世界がじっさいにこうした構造をもっているか》は考察する価値のある問題だ。ニーチェ自身は一定の前提から《この世界が永劫回帰であること》を導出しているとも解されうるが、そこでの論証は本章の関心に属さないので割愛する。ここで考察したいのは《この構造を有する世界がどのような相貌を呈しうるか》である。おそらくひとによっては、たとえ世界が永劫回帰の構造をもっと判明したとしても、「朗らかに」これまでと同じ表情の世界を生きるだろう。とはいえ、永劫回帰の自覚によって、世界の相貌が変わってしまうひともいる――これがニーチェだ。彼にとってそうした世界に生きることは苦しみである。

《なぜ永劫回帰の世界を生きることが苦しみになるのか》を理解するひとつの道は、それを人生の意味をめぐる問題と接続させることだ（ニーチェがじっさいにこの仕方で苦しんでいるかどうかは確言できない）。じつに永劫回帰の世界においては、私が何かを行なったとしても、すでに私とそっくりの人物がまったく同じことを行なっている。より正確には、これまで私とそっくりのひとがカウントし切れない数だけ存在し、私自身は無限の繰り返しのひとつでしかない。かくして私は、そして私の人生全体は、無数に存在するコピーのひとつに過ぎない。これは私の人生を極限まで「軽く」するだろう（すなわち人生はオリジナリティという実質を欠くことになる）。こうなると《こんな世界で生きることに意味はあるのか》と問わざるをえない。その結果、永劫回帰の世界は、少なくとも一部のひとにとって、無意味の相貌（あるいは自己を無意味の問題で苦しめる相貌）を呈してくる。

（ちなみにニーチェ自身は永劫回帰の「重さ」のほうに苦悩の源泉を見出しているようにも見える。じっさい、一切が「無限回」繰り返されるならば、私の恥辱は永遠に再来することになる——これは重い！）

《この問題へニーチェがどう対処したか》は本章の関心を超える。ここでは、ニーチェにとっては何かしらの「解決」あるいは「解消」が訪れたであろう、という事実が著作『ツァラトゥストラ』に示唆されている点だけ押さえられたい。そしてこの作品のそれにかかわる箇所は踏み込んで検討したい。じつに、主人公ツァラトゥストラが永劫回帰の観念がもたらす苦悩から抜け出しつつあるとき、それを祝福する生き物たちは次のように歌う。

一切は行き、一切は帰る。存在の車輪は永遠にまわっている。一切は死んでいく。一切はふたたび花咲く。存在の年は永遠にめぐっている。（ニーチェ、一九七三、三五一頁）

この歌は永劫回帰の世界との「和解」を表現している。すなわち、たとえ一切のことが「無限回」繰り返されるとしても、そこに肯定的な相貌を見出して生きることは可能なのだ、ということ。これはもしかしたらツァラトゥストラ（そしてニーチェ）が永劫回帰の世界に意味を見出すさいの根拠を表現しているかもしれない。それゆえ生き物たちは彼の「解決」や「解消」をある意味で「知っている」と言えるかもしれない。

とはいえツァラトゥストラは生き物たちが彼のことを根本においては理解していないと責める。すなわち彼はまず、生き物たちにたいして「なんとよくおまえたちは知っていることか、七日のあいだに成就されたことを」（ニーチェ、一九七三、三五一頁）と言って、生き物たちが永劫回帰の苦悩を克服する道をある意味で「知っていること」を認める。とはいえただちに続けて「だがおまえたちは——そのことを早くも手回し風琴の歌にしてしまったのか」（ニーチェ、一九七三、三五一頁）と責める。「手回し風琴」が〈手でハンドルを回すとメロディを奏でるオルガン〉を指すことに鑑みると、ツァラトゥストラの非難は《生き物たちの歌が彼ら・彼女らの言葉になっていないこと》に向けられたものだと言える。要するに、手回し風琴のハンドルを回すひとが「弾かずして」楽音を発生させるように、生き物たちは「理解せずして」他人の言葉を歌いあげている、ということ。そして生き物たちのつくった歌は、さらに別の者たちにとっても、理解せずして歌いうる「便利な」玩具であるだろう。かくしてツァラトゥストラは（そしてニーチェは）生き物たちについて次のように考えぬわけにはいかない。私の本当に伝えたいことはそういうことではないのだ、と。

こうしたことはあなたが人生の意味をめぐる問題に取り組むさいにも生じうる。この問題にかんして何か価値あることをつかんだと思ったとしても、そもそもそれを他者へ伝える言葉がない。そして、かろうじてそれを示すような言葉を紡いだとしても、それを反復するひとが本当に理解しているかは定かではない。というかほぼ確実に自分とは違う仕方で理解している。場合によっては自分の言葉が「手回し風琴の歌」に変えられてしまう。こうした点でも、人生の意味をめぐる最奥の問題に取り組むことは孤独な営みだと言える。

それゆえ、もしあなたが人生の意味をめぐる最深の哲学的問題に取り組むならば、あなたは同時に「他人の根本的な無理解」と呼べるものにも苦しむことになるだろう。とはいえこれはおそらく避けられない。なぜならこの問題へ取り組むことには、他者たちが〈同じ問題を解決しようと努める仲間〉になることを禁じる側面があるからだ。以上の教訓は何か。それは、この問題にかんして自分にとって大事と思われることを言葉で伝え尽くそうとしてはならない、ということだ。だから私は（語り尽くそうとするのではなく）何かが示されることを期待して言葉を紡ぐ。こうした言葉を通じてあなたは（私の言わんとするところを把握し尽くすことはないだろうが）何かに触れられるかもしれない。

【参考文献】

ウィトゲンシュタイン著、奥雅博訳（一九七五）「論理哲学論考」『ウィトゲンシュタイン全集1』（大修館書店）所収。
ニーチェ著、手塚富雄訳（一九七三）『ツァラトゥストラ』、中公文庫。

【読書案内】

●ネーゲル、トマス著、永井均訳（一九八九）「人生の無意味さ」『コウモリであるとはどのようなことか』（勁草書房）所収。

観点を変えることで物事の意味が喪失するダイナミズムが記述されている。人生の意味をめぐる哲学的問題の核心部のひとつに迫る作品である。

第一一章　人生にイエスと言うのは誰なのか？

――人生の意味への肯定型アプローチ

森岡正博

第一節　はじめに

　ここまで読んできて、なにか心にもやもやしたものを感じている読者がいるかもしれない。私が人生の意味の哲学について研究を始めたときに、最初に思ったのは、「人生の意味というが、それはいったい誰の人生の意味のことを言っているのか？」という素朴な疑問であり、もうひとつは「意味があるとかないとか言っているが、そもそも意味があるとはどういうことなのか？」というやや難しめの疑問であった。ある程度思索が進んだいま、少しだけクリアーな意見を出せるようにはなったけれども、はっきりとした最終的な答えが得られているわけではない。なので、いま読者の心が晴れないとしても、とくに心配しないでいただきたい。

　いま述べた二つの疑問について、私の考え方を書いてみたい。

第二節　誰にとっての人生の意味か

それではまず、前章で山口尚が指摘した「人生の意味を考える主体とはいったい誰なのか」という点を、私なりに考察してみようと思う。

山口が言うには、人は独我論の真意を誰か他人から教えてもらうわけにはいかない。自分自身でそれを発見して、独我論をみずから生きなければならない。人生の意味についても同じような構造があるのであって、人は自分の人生を生きるなかで、自分が生きる意味と対峙し、向き合わなければならないと言うのである。

これは、そのとおりだと思う。そしてこの点は、人生の意味の哲学の学術研究で、しばしば見逃されがちなことでもある。私の知り合いで、人生の意味の哲学について研究をしているうちに、なんで自分がこのような研究をしているのか分からなくなった、と悩んでいる人がいた。その人は、自分にとって人生の意味とは何なのかという切実な問題意識を持って研究を始めたのだが、先行研究の考察を続けているうちに、だんだんと虚しさがつのってくるようになったというのである。なぜなら、人生の意味についてのアカデミックな研究を進めるにしたがって、その人が本来明らかにしたかったはずの「その人自身にとって人生の意味とは何なのか」という問いが、どんどんその人から遠ざかっていったからである。これは、アカデミックな学問を深めていっても、自分の人生を有意味なものにするためには役立たなかったという事例だと考えられる。しかしその裏には、実はもうひとつ別の次元の論点が潜んでいる。

第三節　人生の意味の独在的な層

私は、その点を掘り下げるために、人生の意味の「主観説」と「客観説」に加えて、「独在説」という第三の視点を導入するのがよいと考えてきた。すなわち人生には、「主観的な意味の層」と「客観的な意味の層」と「独在的な意味の層」の三つがある。そしてひとりの人間は、この三つの層を同時に並行して持つことができるとするのである。人生の意味には三つの地層がある、というふうにイメージしてもらってもよい。人生の主観的な意味の層とは、その人が自分の人生に意味があると思ったときに成立するような層である。人生の客観的な意味の層とは、その人が自分の人生の意味についてどう思おうがそれとは関係なしに、客観的にその人の人生の意味が決まってくるような層である。

では、人生の独在的な意味の層とは何だろうか。それは、いまこの文章のこの箇所を読んでいるあなたが生きているところの、他人とはけっして比べることのできない一度かぎりの人生、すなわち「宇宙の中でひとつだけ特殊な形で存在するこの人生」に、果たしてどのような意味があるのかをあなた自身が問うときに現われてくる層である。この層は、いまこの文章のこの箇所を読んでいるあなたが生きている人生だけにかかわるものであって、それは他の誰の人生にかかわるものでもあり得ない。そしてその人生は、あなただけが生きている「宇宙の中でひとりだけ特殊な形で存在するこの人生」であるから、とても独我論的である。このような層を生きるときのあなたのあり方を「独在的存在者」と呼ぶ（註：独在論については専門的になるので、本章ではこれ以上説明をしない。私の見解は、森岡正博（二〇一三、第四章）および永井均・森岡正博（二〇二二）を読んでみてほしい。永井の言う「〈私〉」と森岡の言う「独在的存在者」「独在論的貫通」は異なった概念であるので注意）。

このような独在的な層を生きるあなたによってはじめて問うことのできる人生の意味の問いがある、というのが私の言いたいことである。この本をいま読んでいるあなたは、宇宙でただひとりだけ、独特のあり方で存在しており、生きている。これはもう、このようにしか言いようのない事実である。そしてあなたが自分自身の人生の意味を問うとき、それはメッツの言うような「主観説」をさらに超えたものとなってしまっている。

そもそも主観的な人生の意味の層とは、ある人が自分の人生に意味があると思ったときに成立するような人生の層のことであった。たとえば、ヒトラーが、自分の人生には意味があると思ったときに、「ヒトラーがそう思うのならそれはヒトラーにとっては意味があるのでしょう」と言えるような層のことである。そして哲学者たちは、もし人生にこのような主観的な意味の層があるとするならば、ヒトラーの人生にも意味があることになるが、果たしてそれで良いのかと問うてきた。このように、主観説においては、ヒトラーの人生の主観的な意味について十分に議論することができる。

ところが、人生の独在的な意味の層においては、それができないのである。なぜなら、いまこの文章のこの箇所を読んでいるあなたはヒトラーではないのだから、あなたは独在的な層においては、けっしてヒトラーの人生を主題として、その人生に意味があるかないかを議論することはできないのだ。「もし仮にあなたがヒトラーであったらあなたはどう思うのか」といったような反事実的な想像（反事実仮想）が成立しないのが独在的な層の特徴である。独在的な層においてあなたが主題としてその意味を議論できるのは、あなた自身の人生についてのみである。ここに、人生の意味の哲学の主観説と独在説の決定的な違いがある。独在的な層においては、あなた自身があなた自身の人生を生きることの意味はいったい何かということを主題として語ることができるのみである（この点については、Morioka, 2019で考察したので興味ある方は読んでみてほしい）。

自然主義的な人生の意味の哲学には、客観説と、主観説と、独在説の三つの層があるのに、大学の学問の世界では客観説の層と主観説の層、あるいはその中間のハイブリッド説の層にだけ研究が絞り込まれていて、独在説の層についての考察がほとんど行なわれていないとも言える現状がある。人生の意味の哲学の研究で悩みを抱えている人の話を前に紹介した。その人は、人生の意味についての研究を進めるにしたがって、自分が本来明らかにしたかったはずの「自分自身にとっての人生の意味とは何なのか？」という問いが、どんどん自分から遠ざかっていった。私の目から見れば、その人は、最初は独在説の層の問いを解決したかったのだが、学問の世界で研究を進めていくうちに主観説の層と客観説の層の研究へと埋没し、いつのまにか独在説の層の問いを見失ってしまったというふうにも思える。これがこのエピソードに含まれるもうひとつの次元である。

独在説の層という言葉が難しければ、もっと単純に、「あなたがずっと抱えてきた非常に個人的な人生の問題」というふうに理解してもらってもかまわない。厳密な言い方ではないけれども、間違ってはいない。人生の意味の哲学には、「あなたがずっと抱えてきた非常に個人的な人生の問題」を徹底的に主題としながら、その問題の本質は何なのかとか、その問題を実際に解決することであなたはどこに至ることができるのかなどを掘り下げていく領域が存在するはずである。この領域には、けっして一般化できない、誰にも分かるはずのない、あなただけが独特の仕方でかかえこんでいる人生の問題や人生の闇が潜んでいる。一般的な解を求めるアカデミックな学問は、この領域の奥底にまでは届かない。それを知的にとらえるためには、自分自身のこれまでの人生は何だったのかを自分自身に向かって告白的に明らかにする必要がある。しかしこのような方法論は、アカデミックな学問の世界ではあまり用いられないし、大学の卒論や大学院の学位論文で取り扱うのも難しいだろう。しかしながら、このような考察の領域が、人生の意味の哲学の中心部に厳然として存在し得ることは確かだと私は考えている。これは、人生の意味を哲学的に考えるとはそもそもどういうことなのか、という問いへと結びつく。自分のことをけっして棚上げにせずに迫っていく知的な領域のことを私は「生命学」と呼んでいる。生命学の方法論について本書ではこれ以上述べない。そのかわりに、次節で、まったく別の方面からこの問題に光を当ててみたいと思う。

第四節　フランクルの人生の意味論

実は、このような問題は古くから考えられてきた。その代表的な思索を、ドイツの心理学者ヴィクトール・フランクルに見てみたい。ユダヤ人であったフランクルは、第二次世界大戦中にナチスの強制収容所に捕らえられ、過酷な体験を繰り返したのち、奇跡的に生還した。その収容所体験を描いた『夜と霧』は、現代の古典として今日まで読み継がれている。フランクルは後にロゴセラピーという心理療法を完成させて、臨床心理学の発展に大きく寄与した。『夜と霧』で、フランクルは独特の人生の意味の哲学を展開している。彼の思想は、分析哲学における人生の意味の考察とは異なったものであるが、今日でも幅広い影響力を持つ。この本でフランクルは次のような主張をしている。

人はたとえ強制収容所のような過酷な環境に置かれたとしても、人生の意味を探求することができる。しかしその探求は、その人自身が、その人の実人生で行なわなくてはならない。すなわち、人生の意味の探求とは、人生が自分に突きつけてくるシビアな問いに対して、私が魂を賭けて応答していくことである。これがフランクルの人生の意味の哲学の核心である。

したがってフランクルは、アカデミックな人生の意味の哲学によって人生の意味が明らかになるとは考えていない。もちろんアカデミックな思索が何かの役に立つことはあるだろう。しかしながら、「人間にとって人生の意味とは×××である」というような、一般的に誰にでも当てはまるような哲学的分析それ自体は人生の意味の探求とは言えない、とフランクルは主張するのである。人生の意味の探求とは、人生があなたに突きつけてくる難問に対して、あなたがいまここで実際にどう応答していくかということを指すのであり、それ以外にはあり得ないのである。

フランクルの文章を『夜と霧』から引用しておきたい。

ここで必要なのは、問いを人生の意味の方向へと大きく転換することだ。我々が学ばねばならず、また絶望している人たちに教えなければならないのは次のことである。すなわち、**我々が人生から何をまだ期待すべきかなどということは決して問題ではないのだ。そうではなくて、むしろ単に、人生が我々から何を期待するかということだけが問題なのだ!** 本格的な哲学用語を使うならば、ひとつのコペルニクス的転回法が以下のように行なわれると言うことができる。すなわち、我々は、人生の意味のほうに向かって問いを立てるということをもうすっかりやめてしまうのであり、そのかわり逆に、自分自身のことを、問いを問われた者として捉え直すのである。そしてそのようにして問いを問われた者の上へと、人生は毎日毎時、問いを立てかけてくるのである。その問いに我々は応えなければならないのであるが、正しい応えは、沈思黙考やおしゃべりによってではなく、ひとつの行為によって、ひとつの正しい態度によってなされるのである。つまり人生とはまさに次のように呼ばれる他はない。すなわち人生とは、人生の問いへの正しい応えについて、人生が各人へと課してくる責務の履行について、そして毎時の要請への履行について、応答責任を果たすことに他ならないのである。（森岡試訳。Frankl, 1977, S.117–118. 強調文は原著による。本訳文は、森岡、二〇一六、五頁から引用した。池田香代子訳（二〇〇二）では一二九〜一三〇頁が該当する。）

フランクルはこの引用部分で、「そもそも人生の意味とはいったい何なのだろう？」というような一般論の問いを問うのをやめようと言っている。そうではなくて、人生の意味の問いは、ちょうど矢のようにして、いまここを生きるこの自分自身へと、毎日毎時ひたすら飛んできているのであり、飛んできた矢は、いまここを生きる私の存在にグサリと突き刺さるのである。毎日毎時、矢のようにして飛んできて私に突き刺さる個別具体的な人生の意味の問いに対して、私が実際にひとつひとつ魂をこめて応答していくこと、それこそが人生の意味の探求であるとフランクルは言っている。

そしてその応答というのは、「人生の意味とはいったい何だろう?」と沈思黙考することでもなく、人生の意味について誰かとおしゃべりすることでもない。そうではなくて、応答するとは、私に突きつけられている人生の意味の問いに対して、私が実際にどう行為するのか、どういう正しい態度を取るのかということなのだと言うのである。フランクルはこれを「応答責任」と呼ぶ。フランクルは他の文献で、人生から突きつけられる問いに対して、私がつねに応答責任を果たす態勢になっていることがもっとも本質的なことであると書いている。すなわち、人生から突きつけられる問いを待ち構えていて、それに毎日毎時応答していく態勢になっており、そしてその問いに対して自分の行動と態度でもって具体的に応答していくことが人生の意味の探求であるとフランクルは主張するのである。

そして、この具体的に応答していくべきなのは誰なのかというと、それは人間一般ではない。それは、いまこの文章を読んでいるまさにあなたであり、それ以外の何者でもない。宇宙でただひとりだけ、独特のあり方で存在しており、生きているあなた以外の何者でもない。これは決定的な点である。フランクルはこのことを次のように表現している。

とにかく具体的な運命が人間にひとつの苦しみを課すかぎり、人間はその苦しみの中にすらひとつの責務を、すなわちひとつの完全に一回的な責務を、見なければならないだろう。人間はたとえ苦しみに直面したときですら、次のような意識へとみずから到達しなければならない。すなわち、そのような苦しみに満ちた運命とともにありながら、いわば全宇宙に一度かぎりそして比類なき仕方でもって立っているのだという意識へと人間は到達しなければならないのである。（原著 S.118–119、森岡論文九頁より引用、訳書では一三二頁。）

フランクルがここで言っている「全宇宙に一度かぎりそして比類なき仕方でもって立っている」者とは、宇宙でただひとりだけ、独特のあり方で存在しており、生きているあなたのことである。すなわち、私が前節で述べた「独在的存在者」のことであり、「人生の独在的な意味の層」に立つ者のことであると私は考えている。フランクルはこのようにして、「あなたがずっと抱えてきた個人的な人生の問題」を徹底的に主題にすることが、人生の意味の探求の本質であると考えたのである。その理由としては、フランクルが実際にクライエントを診療する心理臨床の現場にいたことが大きいと思われる。しかし、だからといって、フランクルのアプローチを単に心理学的なものとみなして、人生の意味の哲学と無関係だとするのは間違っていると私は考える。人生の意味には、主観的な意味の層、客観的な意味の層、そして独在的な意味の層の三つがあり、独在的な意味の層において問題となるのは誰にでも当てはまる人生の意味の概念の探求ではなく、この文章を読んでいるあなた自身によるあなた自身の人生の意味の具体的な探求である。以上のことを明確に言語化するのは、人生の意味の哲学の大きな役割なのであるが、近年の分析哲学系の人生の意味論では、きちんと論じられていない。今後さらに深く考えていかなくてはならない。

(フランクルについては私の前掲論文で詳細な考察を行なっているので、関心ある読者は参照してほしい)。

第五節　ニーチェの運命愛

フランクルの『夜と霧』の書名は、日本語では「夜と霧」だが、ドイツ語の原著では異なる。ドイツ語の書名を直訳すると「それでも人生にイエスと言う」となる。これはフランクルの人生の意味の哲学の内容をひとことで言い表わしたものである。強制収容所のような、どんな過酷な運命が私の人生に待ち受けていようとも、それでも私はそのような人生にイエスと言うというメッセージである。そしていくら人生がつらくても、苦しくても、私が人生にイエスと言える可能性は、私が死ぬその直前まで存在している。フランクルは次のように書いている。「きわめてきびしい状況でも、また人生最期の瞬間においても、生を意味深いものにする可能性が豊かに開かれている」(訳書、一一四頁)。

これは、人生に対してイエスと言えることが人生の意味だとする思考法である。私はこれを、人生の意味への肯定型アプローチと呼ぶ。自分の人生に対して「これで良い」と心の底から言えることが、人生に意味があるということだとするのである。近代ドイツにおいて、これを最初に高らかにかかげたのは詩人のゲーテであろう。戯曲『ファウスト』において、ファウスト博士は、

「時よ止まれ、おまえは実に美しい」と言えるような瞬間を体験できるなら自分の魂を売っても良いと悪魔メフィストに話を持ちかける。ここには、全身全霊でイエスと言えるような美しい瞬間が人生に訪れることが人生の意味であるという思想が見られる。

一九世紀ドイツの哲学者ニーチェは、人生を神なしに肯定するにはどうすればいいかを考えた。そして、「私の人生にたとえどれほどたくさんの苦しみがあったとしても、「私の生はこれでよい」と心から思える瞬間が一回あるだけで、それらの苦しみを含んだ人生が全体として肯定される」という考え方を提起した（森岡、二〇二〇、二二七頁）。これは「永遠回帰の思想」と呼ばれる。

ニーチェはさらに、自分が生きている現実の人生を肯定するとはどういうことかを突き詰めて考えた。そしてそれは、「私の人生はこうでなければ良かったのに」と心の底から思ったりしないことだと結論した。ニーチェは次のように表現している。「人間の偉大さを言い表わすための私の定式は運命愛である。すなわち、何事によらず現にそれがあるのとは違ったふうなあり方であってほしいなどとは決して思わないこと、前に向かっても、後ろに向かっても、永劫にわたって絶対に」（ニーチェ、一九九四、七五頁）。すなわち、過去を振り返って「あのときにあんなことが起きなければよかったのに」と思ったりすることがなく、これから将来にわたって「ああこんなことは起きなければよかった」と思ったりしないような人生の態度、それをニーチェは「運命愛」と呼んで、人生の肯定の最終的な形だと考えたのである。これは、「人生を肯定するとはいったい何なのか？」という問いへの、ひとつの美しい答えのように私には感じられる。フランクルの「それでも人生にイエスと言う」という言葉は、ニーチェの運命愛の思想から大きな影響を受けたものだと思われる。

このようなニーチェやフランクルの「人生の肯定の哲学」は、第六章で検討された反出生主義とは正反対のもののように見える。現在のところ、反出生主義の一般的な定義は存在しない。第六章で、吉沢は反出生主義を「子供をもうけることは道徳的に許されないという主張」と定義している。私は、反出生主義を「すべての人間あるいはすべての感覚ある存在は生まれるべきではないという思想」と定義するのが良いと考えている（森岡、二〇二一、四〇頁）。これは古代からある考え方で、紀元前のギリシアでは「人間はこの世に生まれてこないのがもっとも良いこと」という思想（誕生否定）として語られ、紀元前のインドでは「死んだあとにどの世界にもふたたび生まれていかないのがもっとも良いこと」という思想（輪廻否定）として語られた。一九世紀ドイツの哲学者ショーペンハウアーによってこの二つの思想は統合され、反出生主義の哲学思想の原点が形作られた。二〇世紀になって、ショーペンハウアーの思想は、人間は子どもを産むべきではないという思想（出産否定）へとさらに発展した。そして二一世紀にベネターがこの思想を分析哲学系の倫理学へと持ち込み、快苦の非対称性の原理を用いた反出生主義の擁護を行なった。

第六節　生まれてきたことにイエスと言えるために

反出生主義によれば、人間はそもそも生まれてくるべきではない。ショーペンハウアーは、生きることは苦しみだし、がんばって生きたとしても結局は死んでしまう、だとしたら初めから生まれてこないのがいちばんよいのだと言う。読者のなかにも、生きる辛さに打ちのめされそうになったり、どうしようもなく不幸な出来事が襲ってきたりしたときに、「ああ、こんなことなら、生まれてこなければよかった」と心の底から嘆いた人はいるはずだ。このような状況に陥ったとき、人は誕生否定の思想に引き込まれてしまいがちになる。

実は、私もそうなのであって、私の心の奥底には、「私など生まれてこないのがいちばん良かったのだ」という声がはっきりとある。それは私の人生の基調低音のように響いており、私はそこから逃れきることはできない。しかしながら私はすでに生まれてしまっている。いまから「生まれてこないほうが良かった」といくら嘆いたとしても、それはまったく実現不可能なのである。だとしたら、いまからの人生のなかで、「生まれてこないほうが良かった」という自分の考え方を、「生まれてきて良かった」というふうに変えていく道筋はないのだろうか。「生まれてきて良かった」とは、自分の誕生を肯定する考え方であるから、私はそれを「誕生肯定」と呼んでいる。そして私は、この誕生肯定の概念を人生の意味の哲学に持ち込むことによって、そこに新たな光を当てることができると考えているのである。

振り返ってみれば、ニーチェもフランクルも肯定の哲学である。「人は誰でも自分の人生を肯定して生きることができる」と彼らは私たちを励ましてくれる。彼らの言う肯定とは、私がいまを生きることの肯定であり、私が人生を生きることの肯定である。私の言う「誕生肯定」は、それとは少し異なっている。誕生肯定とは、私がこの世に誕生したことの肯定である。この人生に生まれてきて良かったという肯定である。私が「誕生」に重きを置くのは、私の中に「生まれてきたことへの否定」が根深く存在しているからだ。私はそれをどうしても解体していきたい。ニーチェやフランクルが言うところの「人生の肯定」と、私が言うところの「誕生の肯定」はどこが違うのだろうか。「人生の肯定」とは、たとえそれがどのような人生であれ、その人生にイエスと言うことである。「誕生の肯定」とは、たとえそれがどのような人生であれ、そのような人生へと誕生してきたことにイエスと言うことである。前者では、私がいまここで生きるという実存的な側面が強調されているのに対し、後者では、私は生まれてこなかったのではなく生まれてきたのであるという側面（無からの生成）が強調されている。この話はここではこれ以上広げないけれども、大事な点なのでぜひみなさんも考えてみてほしい。

誕生肯定の思想は反出生主義とは正反対のように見えるけれども、まったく両立しないわけでもない。たとえば、もし私が「すべての人は生まれてくるべきではないし、子どもを産むべきではない」と考えていたとする。しかしそのように考えている私は、すでにこの世に生まれてきているのである。だとしたら、ほんとうならば人は生まれてくるべきではないのだが、私はすでに生まれてきてしまっているのだから、自分が生まれてきたことについてはそれを心から肯定できるようにいまから生きていきたいと私が考えたとしても、それはおかしなことではないだろう。たとえ反出生主義者であったとしても、自分が現に生まれてきたことについては、それを肯定して生きていくことができるかもしれないというのは、何か一筋の希望の光のように私には思える。

しかし、「自分が生まれてきたことを肯定する」とは、具体的にどういうことなのだろうか。そしてこれからの人生で何をしていけば、そのような肯定に至れるのだろうか。これこそ、私たちが人生の意味の哲学のなかで真剣に考えていかなければならない課題のひとつである。この点は、これまでの人生の意味の哲学において本格的には探求されてこなかった。もちろんいくつかの大事な先行研究はあるのだけれども、まだ手つかずの荒野であることは間違いない。

それを考察するための手がかりとして、ひとつのアイデアを示しておきたい。私は「誕生肯定」には二つの側面があると考えている。ひとつの側面は、ニーチェが運命愛と名付けたような側面だ。つまり、現実の人生より素晴らしい人生をたとえ想像できたとしても、自分はそのような素晴らしい人生のほうへ生まれたかったとはけっして心の底からは望んだりしない、という態度を取ることができるとしたら、それが誕生肯定のひとつの姿である。もうひとつは、反出生主義の誕生否定の考え方とは別方向に行こうとするような側面だ。つまり、もし仮に生まれてこないほうが良かったと思えてならないとしても、すでに自分は生まれてきてしまっているのだから、これからの人生を生きていくなかで、生まれてこないほうが良かったという思いを解体していきたいとするような態度である。それが誕生肯定のもうひとつの姿である。私はこの二つの側面を基礎にしながら、「生まれてきて本当に良かった」と心から思えるような人生とは何なのかを、さらに哲学的に掘り下げていきたいと考えている（この点については、森岡、二〇二〇、第七章を参照）。

すでに何度も述べたように、自分にとって人生の意味は何なのかという問いは、すべての出発点となる根源的な問いである。人生の意味をめぐる哲学の営みは、おおよそここから出発し、山を登ったり深海に潜ったりしながら、最終的にはふたたびこの地点へと戻ってくるのである。だからこれは人生の意味の哲学の全体を支えるとても大事な問いなのだ。と同時に、自分にとっての人生の意味をきちんと考えるためには、「そもそも人生とは何なのだろう？」とか「意味とは何のことだろう？」といった問いそれ自体についても、哲学的に考えを深めていかなくてはならない。これらは、自分にとっての人生の意味を、ちょうど上空から俯瞰するような視線で吟味しようとする問いである。地上の獲物を上空から分析してその特徴を冷徹にとらえようとする鷹のような視線である。本書の各章で執筆者たちが精力的に検討してきたのは、このような学問の方法であった。自分にとっての人生の意味をバランス良く考えていくためには、自分ひとりの直観だけで突き進んでいくのではなく、上から俯瞰するような視線で学問的に迫ってきた先輩たちの努力をどうしても借りなければならないのだ。しかしながら、普遍性を追求する学問的なアプローチに邁進しているうちに、いつのまにか、自分の出発点であった当初の問題意識を忘れてしまうこともある。そんなときには、自分はどうして人生の意味の哲学を考えようと思ったのかを、もういちど思い返してみることが大事だ。

人生の意味の哲学を進めていくためには、自分にとって人生の意味とは何なのかという根源の問いを握って離さないことと、人生の意味の本質に向かってどこまでも学問的に迫っていくアプローチの両方がとても大切なのである。どちらを失ってもバランスを欠いてしまう。人生の意味の探求の途中で、自分が何をしているのか分からなくなったときには、この二つの面のどちらもが大事だという基本に戻って、もういちど自分の探求のスタンスを再確認しよう。本書はそのときに大きな助けとなるはずだ（分析哲学の流れではないが、二〇世紀ドイツの哲学者マルティン・ハイデガーは、この二つの面のことを、それぞれ「実存的なありかた」と「実存論的な理解」と呼んでいる（ハイデガー、二〇一三、一一六頁）。アカデミックな哲学的探求は後者のほうへと焦点を絞る傾向があるが、私はそれだけではバランスが崩れると考える。この両方の交流がどうしても必要なのだ。この点については、また別の場所で考えていきたい）。

最後にもうひとつだけ付け加えておくと、人生の意味の哲学は非常に長い時間をかけて熟成していくということだ。人は人生を積み重ねていくごとに、人生の複雑さや奥深さを身に染みて感じるようになっていく。そしてそのような人生の様々な襞の味わいが、その人の人生の意味の哲学にフィードバックされる。人生の意味の哲学の対象である「人生」というものは、何十年もかけて変容する。そしてその変容を追いかけるようにして、その人の人生の意味の哲学も熟成する。若いときにしかできない人生の意味の哲学があり、中高年になって直面する人生の意味の問いがあり、老年になってはじめてできるような人生の意味の哲学がある。そもそも哲学には一般的にこのような性質があるのだが、人生の意味の哲学はとくにその性質が色濃く表われるジャンルであると言えるかもしれない。若いときには生きることの虚しさや、自殺について考えることが多いかもしれない。中高年になると、それまでの人生はいったい何だったのかという大いなる後悔とアイデンティティの危機に見舞われるかもしれない。老年になると、老いの残酷さや、死へ向かう人生の意味や、次世代への継承を深く考えるかもしれない。これらはすべて人生の意味の哲学がカバーする問いである。

すなわち、人生の意味の哲学を行なっていくことと、自分自身の人生を実際に生きていくことは、ぴったりと密着して離れないのである。ここに人生の意味の哲学の最大の面白さがあると私は考える。私は自分自身の人生を実際に生きながら、自分が生まれてきたことにイエスと言えるためにはどうすればいいのかを人生の最後まで考え続けていこうと思っている。読者のみなさんは、またそれぞれ異なった問題意識でもって、人生の意味の哲学に関わろうとしていることだろう。日本でもようやくこの分野の研究が本格的に始まった。ぜひとも互いに交流し、協力しながら哲学の営みを進めていきたいし、国際的な流れともつながっていきたいと考えている。

【参考文献】

永井均・森岡正博（二〇二一）『〈私〉をめぐる対決――独在性を哲学する』明石書店。

ニーチェ、フリードリッヒ著、川原栄峰訳（一九九四）『ニーチェ全集15　この人を見よ・自伝集』ちくま学芸文庫。

ハイデガー、マルティン著、熊野純彦訳（二〇一三）『存在と時間（一）』岩波文庫。

森岡正博・寺田にゃんこふ（二〇一三）『まんが　哲学入門――生きるって何だろう？』講談社現代新書。

森岡正博（二〇一六）「フランクル『夜と霧』における人生の意味のコペルニクス的転回について」*The Review of Life Studies* Vol.7 : 1–19.

森岡正博（二〇二〇）『生まれてこないほうが良かったのか？――生命の哲学へ！』筑摩書房。

森岡正博（二〇二一）「反出生主義とは何か――その定義とカテゴリー」『現代生命哲学研究』第一〇号、三九～六七頁。

Frankl, Viktor E.（1977）*...trotzdem Ja zum Leben sagen.* Kösel.（V・E・フランクル、池田香代子訳『夜と霧　新版』みすず書房、二〇〇二年。）

Morioka, Masahiro（2019）“A Solipsistic and Affirmation-Based Approach to Meaning in Life.”

Journal of Philosophy of Life 9（1）:82–97.

【読書案内】

●フランクル、ヴィクトール・E著、池田香代子訳（二〇〇二）『夜と霧　新版』みすず書房。

ナチスの強制収容所での壮絶な体験をサバイバルした著者が、人生の意味について考え抜いた現代の名著。どんな人の人生にも、その最後の瞬間まで意味を見いだせる可能性がある。本書で主に扱った分析哲学系の人生の意味論とは別系統のテキストとしてぜひ読んでみてほしい。

●渡邊二郎・西尾幹二編（二〇一三）『ニーチェを知る事典――その深淵と多面的世界』ちくま学芸文庫。

ニーチェの思想を専門家がコンパクトに解説した好著。ニーチェの原典をいきなり読むのはたいへんなので、まずはこの本で概要を知ってから、興味のある作品へと進んでいくのをお勧めしたい。

●トルストイ、レフ著、原久一郎訳（一九三五）『懺悔』岩波文庫。

トルストイは、幸せな家庭を持ち世界的名声が高まったその絶頂期に、自分が生きている意味はいったい何なのかと悩み苦しんだ。その生々しい声がここに描かれている。生きる意味は、その人の社会的成功や目標達成とは無関係ではないかという問いかけが切実である。古書で入手できる。

●高井ゆと里（二〇二二）『ハイデガー――世界内存在を生きる』講談社選書メチエ。

第二章で述べたように、マルティン・ハイデガーの『存在と時間』は、人生の意味の哲学を考えるうえで必須の書物である。高井のこの本は、人生の意味の哲学の視点からハイデガーの言う「本来的な在りかた」に迫ったものでもあり、初学者にも分かりやすいのでお薦めしたい。

●ラーフラ、ワールポラ著、今枝由郎訳（二〇一六）『ブッダが説いたこと』岩波文庫。

ブッダは仏教の開祖であると同時に、古代インドで生きる意味を考え抜いた哲学者でもある。この本では、日本に伝来する以前の原始仏教において、人間の生と死や、欲望や執着から解放されることの意味がどのように考えられていたかが簡潔に解説されている。

●吉野源三郎（一九八二）『君たちはどう生きるか』岩波文庫。

一九三七年に日本で刊行された、人生の意味を扱った名著。著者が十代の若者に向けて語りかけるという体裁をとっている。学術的な書物ではないのだが、刊行当時より多くの人に読まれた。人生に後悔があることによって、その後の人生に深みが出てくる、だから自分に絶望したりしてはいけないのだと説いている。日本における人生の意味論を考えるうえで必読であろう。

あとがき

森岡正博

人生の意味の哲学というジャンルは、まさにいま発展中であり、これから刻々とその姿を変えていくであろう。現時点で私が感じる弱点について最後に少しだけ触れておきたい。

まず、現状のアカデミックな人生の意味の哲学はエリート主義の傾向がある。とくにウルフ以降の傾向かもしれないが、もっとも有意味な人生の具体例を、マザー・テレサ、ネルソン・マンデラ、アインシュタインなどの偉人に求め、彼らの人生を頂点とする有意味な人生の階層構造を当然のこととする議論が見られる。その階層構造の底辺に置かれるのは、麻薬を手に入れるために売春をする麻薬中毒の人生や、朝から晩までポテトチップスをかじってテレビドラマを見ているような人生である。エリート大学教授から見た上から目線の人生像だとも言えるだろう。久木田水生が第八章でこのことを指摘していた。

これと関連するが、社会のなかで十分な自己実現の機会を与えられていないことの多いマイノリティや低所得階層の人々の人生の意味についての議論が薄いと感じられる。意味のある人生をいくら生きようと思ったとしても、貧困から逃れられず、十分な教育を受けることもなく、自分自身の人生を生きることのできにくい人たちがたくさんいる。そのような状況にいる人たちの人生の意味へのまなざしが希薄である。今後、人生の意味の哲学は、マイノリティ論や社会階層論や障害学などと積極的に交わっていかなければならないだろう。

ジェンダー的な側面からの考察がもっと行われるべきである。フェミニズム哲学と人生の意味の哲学のあいだに、いまだ深い交流が見られていないのは不思議なことである。個人的な感想としては、フェミニズム哲学からの侵入と解体によって、人生の意味の哲学は変容を余儀なくされるだろう。

非西洋哲学からの貢献がぜひとも必要である。現在のところ、人生の意味の哲学で参照される哲学的な遺産は、すべて古代地中海から現代欧米哲学に至る西洋哲学に限られている。しかし人生の意味については、インド哲学、中国哲学、日本哲学、アフリカ哲学などに豊かな哲学的遺産がある。それらにもっと目を向けなくてはならない。アジアに位置する日本はこの仕事をするのに適している。メッツは南アフリカで教鞭をとっており、アフリカの思想を人生の意味の哲学に導入する仕事を試みていて注目される。

以上の課題は、本書では果たすことができなかった。本書を読んでくれたみなさんが、人生の意味の哲学をさらに良いものへと育てていくことを心から願っている。二〇二二年に刊行されたイド・ランダウ編『人生の意味：オックスフォード・ハンドブック』(Landau, Iddo (ed.) (2022) *The Oxford handbook of Meaning in Life*. Oxford University Press) を見ると、神経科学と人生の意味、人格の同一性と人生の意味、時間の本性と人生の意味、赦しと人生の意味、動物と人生の意味、愛と人生の意味、教育と人生の意味、バーチャルリアリティと人生の意味などについての論文が収められており、今後のこの分野の多彩な発展を予感させる。読者のみなさんもぜひこの議論に参加してほしい。

もうひとつのあとがき

蔵田伸雄

本を手に取ったらまず「あとがき」から読む人は少なくないだろう（私もそうだ）。今、この文章を読んでいる人の中には、まだ本書に目を通していない人も少なくないと思うのだが、そのような人はまず本書の第一章だけでも読んでみてほしい。またこの本を最後まで読んでくださった上で、この「あとがき」を読んでいる方もいるだろう。その中には大学での単位取得やレポート作成のために仕方なく本書を通読したという方もいるだろうが、そのような方も含めて本書を通読してくださった方には筆者一同を代表して心から御礼を言いたい（もちろん、一部だけ読んだという方にも御礼を言いたい）。もっとも深刻な悩みや絶望の中で「人生の意味」を見いだしたいと考えた方が本書を通読しても、自分の「人生の意味」を見つけることはできなかったのではないかと思う。本書は「まえがき」でも述べたように、「人生の意味」を理解した人間たちがそれを他者に伝えることを意図して書かれたものではない。本書の第九章でも論じられているように、「人生の意味」がわかったと感じたとしても、それを他者に伝えることは容易なことではない。また第一〇章でも述べられているように、自分の人生の無意味さは、結局自分の人生の無意味さでしかなく、人生の無意味さという問題には、それについて誠実に考えれば考えるほど、他人の言葉が役に立たなくなる、という側面がある。だがこの本を読む中で「人生の意味」について「哲学的に」考えることの「意味」を知り、それが自らの「人生の意味」を見出すことにつながると感じた方もいるのではないかと思う。あるいは本書を読むことで自分の人生に何らかの重要性があると感じたり、自分の人生の目的とは何かを考えたり、自分の人生の物語を語ることの意味を見出したりした人もいるかもしれない。

本書の各執筆者は様々な観点から「人生の意味」について考察しており、立場も異なるが、執筆者の全員に共通することがある。それは「人生の意味に関わる様々な問題」について「考える」ことそのものが、私たちの人生の重要性について気づかせてくれると思っているということである。「人生の意味とは何か」という呪われた問いは、私たちの存在を祝福する問いともなりうる。この本を読むことで、少しでもあなたの人生が（幸福なものにはならないとしても）「意味のある」ものだと思えるようになったことを願っている。

森岡による「あとがき」にもあるように、本書で論じられなかったテーマは多い。特にこの分野は比較的女性の方が関心をもつ分野であり（この分野の問題を授業で扱っても、関心をもつ女性の学生は少なくない）、本書でたびたび言及されているスーザン・ウルフを始めとしてこの問題に取り組んでいる海外の女性研究者は少なくない。それにも拘わらず、本書の執筆者はすべて男性である。結局、本書が「おじさんたちの人生の意味の哲学」になってしまっていることは否定できない。

また強制収容所の中で「人生の意味」を問うたフランクルのように「人生の意味とは何か」という問いは戦争や災害、犯罪や貧しさや病や障害のために、また理不尽な暴力や社会構造のために苦しみ、悩み、絶望している人から発せられる問いでもある。本書につながった研究班の研究期間は、コロナウイルスの感染拡大と、行動制限の期間に重なっている。その間に世界中で多くの人が苦しみ、悩み、自らの人生の意味について問うたことだろう。この本は苦しむ人たちが「自らの人生の意味」について考えることの一助となることも意図してはいるのだが、その意図が十分果たされたかという点ではこころもとない。本書が安全圏にいて恵まれた立場にある、幸運な「エリート」研究者たちの自己満足に終わっているのではないかとも危惧する。「人生の意味」に関する問題圏とフェミニズムや生命倫理、障害論、平和論等との接続は今後の課題である。

哲学や倫理学を学ぶ学生の方々でこの分野についてもっと知りたい、と思う人は各章の末尾の読書案内にあげられている本に手を伸ばしてほしい。この分野は多くの哲学的なテーマにつながっているので、本書での議論がさらに他の問題について考えるためのきっかけになればうれしく思う。

また哲学を専門としない方は、本書で扱ったような問題について考えながら自分の人生（自分の人生設計や人生のナラティブ）を見直してみてほしい。あるいは本書で扱ったような問題を念頭におきながら、ドラマやアニメを見たり、小説やマンガを読んだりしてもらえば、今までとは少し違う読み方・見方ができるかもしれない。

本書は二度にわたる日本学術振興会科学研究費補助金による研究の成果でもある（日本学術振興会 科学研究費助成事業 基盤研究（B）「「人生の意味」に関する分析実存主義的研究と応用倫理学への実装」課題番号16H03337、二〇一六年～二〇一九年、及び同基盤研究（B）「「人生の意味」と死の形而上学：分析実存主義の可能性とその批判的検討」課題番号20H01175、二〇二〇年四月～二〇二四年三月）。本書のためにも国民の血税が用いられており、その税金を他の形で使えばもっと多くの人の人生を有意味なものにすることができただろうことはほぼ間違いないのではあるが、研究の成果をわずかながらでも納税者に還元できたと信じたい。

なお上記の二度にわたる科研費の研究分担者の近藤智彦、佐藤岳詩、八重樫徹の各氏と連携研究者の浦田悠、研究協力者の山田健二の各氏は本書の執筆には加わっていないが、この方々の協力には心から感謝したい。また遠い南アフリカから三度にわたり来日して下さったT・メッツ、さらに同様に南アフリカから片道三十時間をかけて札幌まで来て下さったD・ベネターのお二人にも心から感謝したい。また第三回の「人生の意味の哲学国際会議」（オンライン）を主催していただいたユージン・ナガサワ氏にも感謝したい。さらに事務補助員として第一回及び第二回の「人生の意味の哲学国際会議」開催のために超人的な事務能力を発揮してくれた柴田絵里佳さん、本研究班に関わる煩雑な事務仕事の一部を担ってくれている高橋萌さんにも感謝したい。

また本書の一部に目を通し、コメントをしていただいた、浅野樹、石田柊、伊藤黎史、久貝加奈代、榊原英徹、佐久間亜紀、杉浦祐希、髙山馨、次田瞬、八木聡の各氏にも感謝の意を表したい。また一部の原稿については、「第五回人生の意味の哲学国際会議(Fifth International Conference on Philosophy and Meaning in Life)」の参加者からも有益なコメントを頂いた。

人生の意味について哲学的に考えたいと思い、すでに考え始めていた人、ともに考えてくれている人を集めて、研究班を組織して、自分が読みたい本をつくることができた。つきあわされた共著者の皆さんにとってはいい迷惑だったのかもしれないが、とりあえず共著者の皆さんにはこの場を借りて感謝したい。

もう一人の編者である森岡正博さんにもこの場を借りて感謝したい。多分ご本人は忘れているのではないかと思うが、約三十年前に大阪の淀屋橋か中之島の喫茶店(カフェ、などと呼べるようなしゃれた店ではなかったことは記憶している)で森岡さんと研究会の打ち合わせか何かをしていた時に、私が「人生の意味について」というタイトルの論文を書きたいと言ったら、森岡さんは少し怪訝そうな顔をしていた。約三十年かかってしまったが、その時の希望をこのような形で実現することができたことについても、森岡さんには感謝したい。

また私がこの分野の研究に本格的に取り組むきっかけとなったのは、ある学生が、前述のメッツの「スタンフォード哲学事典」の「人生の意味」の項目にもとづいて卒業論文を書いたことである。彼女の卒業論文は心理学におけるナラティブ・アプローチやマッキンタイアのナラティブの議論も応用した優れたものだった。彼女の卒業論文を指導する中で、この分野の議論の射程の広さに気づくことができた。彼女は大学院に進学することもなく、「あとは先生が考えてください」と言って大学を去り、その後は研究以外の分野で活躍している。大学の教員は学生に教えることよりも、学生から教わることの方が多いものだし、大学での研究は学生なしには成立しないものなのだが、この分野の重要性に気づかせてくれたことについて、その元学生には感謝している。

そして最後にもう一度読者の皆さんに感謝したい。本書によって皆さんの生が少しでも、より「意味のある」ものとなったことを願っている。

吉沢文武（よしざわ　ふみたけ）
1982年生まれ、千葉大学大学院人文社会科学研究科博士後期課程修了、一橋大学大学院社会学研究科講師。

長門裕介（ながと　ゆうすけ）
1987年生まれ、慶應義塾大学文学研究科後期博士課程単位取得退学、大阪大学社会技術共創研究センター特任助教。

久木田水生（くきた　みなお）
1973年生まれ、京都大学大学院文学研究科博士後期課程修了、名古屋大学大学院情報学研究科准教授。

古田徹也（ふるた　てつや）
1979年生まれ、東京大学大学院人文社会系研究科博士課程満期退学、東京大学大学院人文社会系研究科准教授。

山口尚（やまぐち　しょう）
1978年生まれ、京都大学大学院人間・環境学研究科博士後期課程修了、京都大学非常勤講師。

編者略歴

森岡正博（もりおか　まさひろ）
1958年生まれ、東京大学大学院人文科学研究科博士課程単位取得退学、早稲田大学人間科学部教授。

蔵田伸雄（くらた　のぶお）
1963年生まれ、京都大学大学院文学研究科博士後期課程研究指導認定退学、北海道大学大学院文学研究院教授。

執筆者略歴

村山達也（むらやま　たつや）
1976年生まれ、慶應義塾大学大学院文学研究科博士課程単位取得退学、東北大学大学院文学研究科教授。

鈴木生郎（すずき　いくろう）
1978年生まれ、慶應義塾大学大学院文学研究科後期博士課程単位取得退学、日本大学文理学部准教授。

杉本俊介（すぎもと　しゅんすけ）
1982年生まれ、京都大学大学院文学研究科博士後期課程修了、慶應義塾大学商学部准教授。

人生の意味の哲学入門

2023年 12 月 20 日　第 1 刷発行
2024年 8 月 10 日　第 4 刷発行

編　　者　森岡正博・蔵田伸雄
発 行 者　小林公二
発 行 所　株式会社 春秋社
〒101-0021　東京都千代田区外神田2-18-6
電話　03-3255-9611（営業）
03-3255-9614（編集）
振替　00180-6-24861
https://www.shunjusha.co.jp/
装 幀 者　鎌内文
印刷・製本　萩原印刷株式会社

2023 Printed in Japan
ISBN978-4-393-33395-2　　定価はカバー等に表示してあります